J.-P. Kalongisa Munina

Inculturation

J.-P. Kalongisa Munina

Inculturation

L'apport de la mystagogie à la théologie africaine de la liturgie

Éditions Croix du Salut

Imprint

Any brand names and product names mentioned in this book are subject to trademark, brand or patent protection and are trademarks or registered trademarks of their respective holders. The use of brand names, product names, common names, trade names, product descriptions etc. even without a particular marking in this work is in no way to be construed to mean that such names may be regarded as unrestricted in respect of trademark and brand protection legislation and could thus be used by anyone.

Cover image: www.ingimage.com

Publisher:
Éditions Croix du Salut
is a trademark of
Dodo Books Indian Ocean Ltd., member of the OmniScriptum S.R.L Publishing group
str. A.Russo 15, of. 61, Chisinau-2068, Republic of Moldova Europe
Printed at: see last page
ISBN: 978-620-3-84226-5

«Le besoin d'évangéliser les cultures pour inculturer l'Évangile est impérieux. Dans les pays de tradition catholique, il s'agira d'accompagner, de prendre soin et de renforcer la richesse qui existe déjà, et dans les pays d'autres traditions religieuses ou profondément sécularisés, il s'agira de favoriser de nouveaux processus d'évangélisation de la culture, bien qu'ils supposent des projets à très long terme» *EG* 69.

Sommaire

SIGLES

AAS : *Actae Apostolicae Sedis* (Cité du Vatican, 1909 ss)

CBP : Commission biblique pontificale

CCDDS : Congrégation pour le Culte Divin et la Discipline des
Sacrements

CEC : *Catéchisme de l'Église Catholique*

CEI Conferenza episcopale italiana

CLV : Centro liturgico Vincenziano

CPE : *Connaissance des Pères de l'Église* (Revue)

CPPNE : Conseil Pontifical pour la Promotion de la Nouvelle
Évangélisation

CS : Connaissances et Savoirs (édition)

CTI : Commission Théologique Internationale

DMPE : *Directoire pour le ministère pastoral des évêques*

DViv : Dieu vivant (Revue)

éd. : éditeur

edd. : edditore (italien)

EDUSC : Edizioni Santa Croce

EG : *Evangelii gaudium*

LG : *Lumen Gentium*

LMD   : *La Maison-Dieu* (Revue)

MRfr   : Missel Romain (Traduction française)

NRT   : *Nouvelle Revue Théologique*

QA   : *Querida Amazonia*

RL   : Rivista Liturgica

RPL   : Rivista di Pastorale Liturgica

RThL   : *Revue Théologique de Louvain*

SaC   : *Sacramentum Caritatis*

SC   : *Sacrosanctum concilium*

SCh   : Sources chrétiennes (Collection)

VL   : *Varietates legitimae*

Introduction

L'objectif principal de ce livre est de proposer une voie, une méthode pour une inculturation de la liturgie qui implique tout le peuple de Dieu[1], et qui prend en compte le donné culturel congolais-africain et le donné universel, l'Évangile et/ou la liturgie, en vue d'une existence chrétienne authentique à l'horizon 2030.

En effet, comme le souligne bien le magistère de l'Église, pour une inculturation authentique de la liturgie, le critère méthodologique doit être pris en compte. Il est indispensable[2]:

«Comme toutes les formes de l'action évangélisatrice, l'inculturation demande un effort méthodique et progressif de recherche et de discernement»[3].

Faute de méthode, le risque d'accumuler des théories, d'inventer des rites, parfois stériles et insignifiants pour les fidèles chrétiens, devient inévitable. Pire encore, est la tentation de tomber dans la confusion et dans des déviations[4], comme c'est le cas dans certaines paroisses et dans certains diocèses de la RD Congo et en Afrique en général[5].

---

[1] «L'inculturation de la foi, qui est connaturelle aux Églises particulières, doit être l'affaire de tout le peuple de Dieu et pas seulement de quelques experts, car on sait que le peuple reflète l'authentique sens de la foi qu'il ne faut jamais perdre de vue (…). Elle doit être l'expression de la vie communautaire, c'est-à-dire mûrir au sein de la communauté, et non pas le fruit exclusif de recherches érudites» Jean-Paul II (1990) *Redemptoris missio. Lettre encyclique sur la valeur permanente du précepte missionnaire*, Libreria editrice vaticana, Città del Vaticano, n. 54. Cfr CPPNE (2020) *Directoire pour la catéchèse*, Bayard-Cerf-Mame, n.399.

[2] La méthodologie est l'un des critères d'une inculturation authentique de la liturgie. Cfr F Card. Arinze (2009) *Critères et directives de l'inculturation de la liturgie* in CCDDS (2009) *Liturgy in Africa and Madagascar. Liturgie en Afrique et Madagascar* (Actes du Congrès pour la promotion de la liturgie. Kumasi, Ghana, 4-9 juillet 2006), Libreria editrice Vaticana, 214. Cfr *Redemptoris missio*, 52-54.

[3] CCDDS (1994) Instructio, *Varietates legitimae. La liturgie romaine et l'inculturation. IVe Instruction pour une juste application de la Constitution conciliaire sur la liturgie* (nn. 37-40), Rome, n. 5. Cfr CBP (1981) *Foi et culture à la lumière de la Bible* ; Cfr CTI (1988) La foi et l'inculturation (3-8 octobre 1988).

[4] Cfr J-P Kalongisa Munina (2020) *Le baptême face aux nouvelles formes des déviations. Une approche mystagogique*, CS, Paris.

[5] Cfr F Card. Arinze (2009) *Critères et directives de l'inculturation de la liturgie…*, 208-209.

Pour éviter ces risques et confusions, nous proposons la méthode mystagogique comme outil d'approfondissement et de divulgation de l'inculturation de la liturgie au Congo et en Afrique. En tant qu'explication des symboles, gestes et rites liturgiques, la mystagogie facilite la compréhension de la liturgie et de tout son langage symbolique. Comme introduction dans les mystères, elle accompagne, en tenant par la main, les néophytes et les fidèles chrétiens, pour les introduire, pas à pas, dans la compréhension des mystères célébrés dans la liturgie[6].

La méthode mystagogique a été utilisée par les Pères de l'Église pour inculturer l'évangile[7] et la liturgie[8]. Le magistère recommande son emploi dans la catéchèse, dans la liturgie et dans l'évangélisation des peuples[9]. Aujourd'hui, elle est incontournable dans l'initiation chrétienne[10] et dans la compréhension de la liturgie en général[11]. Elle est une sorte de pédagogie liturgique pour éduquer aux gestes, symboles et rites liturgiques[12]; une herméneutique liturgique pour interpréter la liturgie et l'actualiser dans la vie des fidèles chrétiens[13]. C'est la clé d'interprétation de la liturgie chrétienne dans son ensemble[14]. Pourquoi ne peut-elle pas servir au

---

[6] Cfr J-P- Kalongisa Munina (2016) *La mystagogie comme pédagogie et herméneutique liturgique…*, 9-20, 84-102.

[7] Cfr J Daniélou (1961) *Histoire des doctrines chrétiennes avant Nicée. T. II. Message évangélique et culture hellénique aux II et IIIe siècles*, Tournai, Desclée & Co, Paris.

[8] Cfr CCDDS (1994) *La liturgie romaine et l'inculturation. IVe Instruction. Pour une juste application de la constitution conciliaire sur la liturgie* (nn. 37-40), Rome, nn. 15-17.

[9] Cfr G Danneels (1986) *Le synode extraordinaire de 1985* in «NRT» Tome 108, 170. Cfr Jean- Paul II (2000) *Mane nobiscum Domine. Lettre apostolique pour l'année de l'eucharistie*, Libreria editrice vaticana, Città del Vaticano, n°17. Cfr François (2013) *Evangelii gaudium. Exhortation apostolique sur l'annonce de l'évangile dans le monde d'aujourd'hui*, Libreria editrice vaticana, Città del Vaticano, nn° 163-168.

[10] Cfr *Ordo initiationis christianae adultorum = Rituale romanum* (1972) ex decreto sacrosancti oecumenici Concilii Vaticani II instauratum auctoritate Pauli PP. VI promulgatum, Città del Vaticano, Typis polyglottis Vaticanis, 1974. Cfr *Initiation chrétienne hier et aujourd'hui, CPE* 152 (2018). Cfr *La mystagogie d'hier à aujourd'hui*. Actes du colloque 2012 in *CPE* 126 (2012).

[11] Cfr J-P Kalongisa Munina (2016) *La mystagogie comme pédagogie…*, 115-208.

[12] Ibidem, 102-108.

[13] Ibidem, 247-256.

[14] J-P Kalongisa Munina, *La mystagogie, clé d'interprétation de la liturgie chrétienne. De Pères de l'Église à nos jours*, CS, Paris.

développement et à la divulgation de l'inculturation de la liturgie en République Démocratique du Congo et dans toute l'Afrique?

En effet, si les rites inculturés ne sont pas expliqués aux fidèles, ils n'auront aucun impact sur leur vie chrétienne. C'est l'expérience que nous vivons aujourd'hui au Congo et en Afrique. Que signifie la danse pour la plupart de fidèles chrétiens? A-t-elle conservé son caractère sacré depuis son inculuration[15]? Ou elle est devenue profane parce qu'on peut exécuter un chant religieux tout en exhibant la danse de JB Mpiana ou de Werrasson[16]. Les fidèles chrétiens ont-ils compris l'importance de chanter en langue locale[17]? Ou ils sont encore nostalgiques des mélodies latines quand bien même ils n'en comprennent pas le sens? Autant de questions qui nous font comprendre l'importance de la mystagogie dans l'inculturation de la liturgie chrétienne.

Aussi longtemps que l'information et la formation ne seront pas assurées aux fidèles chrétiens, l'inculturation restera toujours une affaire d'élite et des spécialistes. C'est seulement quand elle sera expliquée, comprise, reçue et assimilée, qu'elle pourra faire partie de leur vie spirituelle et favoriser une participation, active, consciente, fructueuse et authentique à la liturgie, telle que voulue par le concile Vatican II[18].

---

[15] Cfr *Varietates Legitimae*, 42. Cfr *2 S* 6, 16-17; 20-22; *1 Ch* 15, 29. Cfr F Kabasele Lumbala (2005) *Renouer avec ses racines*. Chemins d'inculturation, Karthala, Paris, 117-118.

[16] La danse, selon le Cardinal Francis Arinze, devrait s'harmoniser avec le vrai et authentique esprit de la liturgie; elle devrait s'accorder avec les quatre intentions majeures de la messe, à savoir l'adoration, le remerciement, la propitiation et la demande. Cfr F Card. Arinze (2009) *Critères et directives de l'inculturation de la liturgie* in CCDDS (2009) *Liturgie en Afrique et Madagascar* (Actes du Congrès pour la promotion de la liturgie, Kumasi, Ghana, 4-9 juillet 2006), Libreria editrice Vaticana, Città del Vaticano, 212-213.

[17] Cfr *Varietates legitimae*, 40.

[18] Cfr *SC*, 48-49. Cfr Benoît XVI (2007) *Sacramentum caritatis. Exhortation apostolique post-synodale sur l'eucharistie source et sommet de la vie et de la mission de l'Église*, Libreria editrice vaticana, Città del Vaticano, n. 64.

Avec le binôme inculturation-mystagogie, la liturgie ne sera plus un spectacle, selon l'expression péjorative de Louis Bouyer[19], ni non plus spectaculaire[20], mais le lieu où l'on vit du mystère et on fait l'expérience de la rencontre avec le Seigneur, pour se laisser transformer par Lui. La messe, en particulier, deviendra le lieu d'adoration, d'action de grâces, de propitiation et de demande[21].

C'est la mission des ministres ordonnés d'initier les fidèles aux rites liturgiques y compris les rites inculturés et à inculturer[22]. Mais la tâche incombe aussi à tous les agents pastoraux selon l'esprit de *Evangelii nuntiandi* de Paul VI[23] et de *Evangelii gaudium* de François[24]: tous les baptisés sont appelés à être disciples-missionnaires de l'évangile et de l'inculturation. Dans cette logique, tous ceux qui ont la responsabilité des centres de pastorale catéchétique et/ou liturgique doivent se sentir missionnaires de l'évangile et de l'inculturation.

---

[19] Cfr L Bouyer (1962) *Le rite et l'homme. Sacralité naturelle et liturgie*, Cerf, Paris, 297; L Bouyer (1967) *Architecture et liturgie*, Cerf, Paris, 1991, 85.

[20] L'expression est de Goffredo Boselli, moine de la communauté de Bose en Italie. À la suite des évêques italiens qui ont déploré une liturgie de la routine sans conviction, au profit d'une liturgie sérieuse, simple, belle et intelligente pour les jeunes. Cfr Conferenza Episcopale Italiana (2001) *Communicare il vangelo in un mondo che cambia* 49, 38-39; Boselli craint le risque de tomber dans ce qu'il appelle le *spectaculaire*, c'est-à-dire la liturgie comme spectacle, comme phénomène d'attraction, de participation excessive et d'exaltation. Ce *spectaculaire*, dit-il, a pour finalité de faire vivre l'émotionnel, le sensationnel aux dépens de l'intériorité, de la rationalité et du silence. Pour Boselli, dans la liturgie ce qui est spectaculaire enchante les yeux de tous mais ne convertit le cœur de personne. Dans le christianisme, continue Boselli, l'essentiel est et reste invisible aux yeux. Pour éviter le spectaculaire, il faut découvrir le vrai sens de la liturgie chrétienne. On ne peut y arriver que par le canal de la mystagogie. Cfr G Boselli (2011) *Il senso spirituale della liturgia* 210-214. Cfr J.-P Kalongisa Munina (2016) *La mystagogie comme pédagogie et herméneutique liturgique*, CS, Paris, 251-252. Si l'inculturation est mal comprise, on court le même risque de tomber dans une célébration spectaculaire.

[21] Cfr F Card. Arinze (2006) *Critères et directives de l'inculturation de la liturgie* in CCDS (2006) *Liturgie en Afrique et Madagascar* (Actes du Congrès pour la promotion de la liturgie, Kumasi, Ghana, 4-9 juillet 2006), Libreria editrice vaticana, 212-213.

[22] Cfr *SC* 19.

[23] Cfr Paul VI (1975) *Evangelii nuntiandi. Exhortation apostolique sur l'évangélisation dans le monde moderne*, Pierre TÉQUI, 2010, Paris, nn, 59-73.

[24] Cfr François (2013) *Evangelii gaudium. Exhortation apostolique sur l'annonce de l'évangile dans le monde d'aujourd'hui*, Libreria editrice vaticana, nn, 119-121.

Dans les lignes qui suivent, nous voulons approfondir le rapport entre inculturation et mystagogie comme une nouvelle perspective pour un avenir prometteur de l'inculturation de la liturgie et de toute la théologie liturgique en Afrique et en République Démocratique du Congo. Pour ce faire, nous divisons ce livre en cinq chapitres. Les Pères de l'Église et l'inculturation (I), Le magistère et l'inculturation (II), La mystagogie au service de l'inculturation (III), Le magistère et la reprise de la mystagogie (IV), L'inculturation, un acquis pour l'Église du Congo (V). Ainsi conçue et structurée, cette recherche constitue une modeste contribution, du point de vue méthodologique, à la théologie africaine de la liturgie et de l'inculturation, à la manière africaine de faire la liturgie et de vivre de la liturgie.

Chapitre I. Les Pères de l'Église et l'inculturation

La question que nous abordons étant d'ordre méthodologique, notre tâche, dans ce chapitre, ne consiste pas à définir l'inculturation (il existe déjà une multiplicité des définitions de l'inculturation)[25], mais à présenter la démarche des Pères dans le processus de l'inculturation comme base pour un décollage méthodologique dans l'inculturation de la liturgie en Afrique en général, et en République Démocratique du Congo en particulier. En d'autres termes, il s'agit de recourir aux Pères de l'Église pour voir comment ils ont procédé pour inculturer l'évangile et la liturgie.

1. L'inculturation de l'Évangile

Étant les premiers à procéder à une inculturation de l'Évangile dans le monde grec[26], les Pères de l'Église occupent une place de choix dans l'élaboration d'une pensée chrétienne. Leur réflexion s'appuie sur la parole de Dieu et les cultures de l'époque qu'ils utilisent ou combattent selon les cas, mais qu'elle féconde toujours grâce à la dynamique inhérente à l'évangile[27].

Dans la rencontre avec les cultures, la science et les religions, les Pères de l'Église adoptent deux attitudes: celle de l'ouverture et du dialogue et celles des ruptures et dépassements[28]. L'ouverture des Pères à leur culture, apparaît dans leur rapport à la littérature dont ils épousent les formes[29]. Grégoire de Nysse (335-394), utilise la philosophie dans son effort pour rendre intelligible les mystères de la foi.

---

[25] Cfr Jean-Paul II (1995) *Ecclesia in Africa. Exhortation apostolique post synodale sur l'Église en Afrique et sa mission évangélisatrice vers l'an 2000*, Libreria editrice vaticana, Città del Vaticano. Cfr CCDDS (1994) Instructio, *Varietates legitimae. La liturgie romaine et l'inculturation. IVe instruction pour une juste application de la constitution conciliaire sur la liturgie*, Rome. F Kabasele Lumbala (1994) *Alliances avec le Christ en Afrique. Inculturer des rites religieux au Zaïre*, Khartala, Paris; F Kabasele Lumbala (2005) *Renouer avec ses racines. Chemins d'inculturation*, Karthala, Paris. Et tant d'autres manuels qui traitent de l'inculturation.

[26] Cfr J Daniélou (1975) *Messaggio evangelico e cultura ellenica*, il Mulino, Bologna.

[27] Cfr J Daniélou (1975) *Messaggio evangelico e cultura ellenica*, il Mulino, Bologna. Cfr B Sombel Sarr (2013) *Théologie des Pères de l'Église et questions d'inculturation*, L'Harmattan, 9.

[28] Cfr J Daniélou (1977) *Messaggio evangelico e cultura ellenica*,…, 238.

[29] Cfr J Daniélou (1975) 91-127.

Pour lui, la philosophie n'est féconde que si elle s'en tient à son rôle pédagogique et propédeutique. Grégoire de Nazianze (330-390), fidèle à une tradition inaugurée par Origène (dont le radicalisme contre les cultures autochtones était connu), fait de la philosophie une servante du discours de la foi. L'utilisation de la culture païenne pour asseoir la pensée chrétienne est importante dans l'œuvre de Clément d'Alexandrie[30]. Les nombreuses citations empruntées à la culture grecque, montrent que cette dernière est apte à rendre compte du mystère chrétien. Le parallélisme entre philosophie et enseignement des Écritures, montre le rôle décisif que joue Clément d'Alexandrie dans l'élaboration d'une pensée chrétienne en culture païenne[31].

Après Clément d'Alexandrie, les Pères, tout en renonçant à la théorie de larcin des grecs, maintiennent la pertinence des concepts philosophiques des auteurs profanes comme instruments indispensables et adéquats pour exprimer la foi et la défendre[32].

Les Pères étaient également ouverts aux sciences dites profanes. L'utilisation des sciences profanes au profit de l'élaboration d'un discours chrétien rationnel, montre ainsi que le discours théologique des Pères ne se présente pas comme une "pieuserie" pour esprits faibles et crédules, mais comme fruit d'un raisonnement. Augustin (354-386), pour ne citer que celui-ci, a subi l'influence du courant philosophique des néo-platoniciens. Chez lui, la démarche de l'intelligence et celle de la foi sont étroitement liées: *crede ut intelligas*. La foi et la raison permettent de montrer aux païens la vraie religion, de percevoir les insuffisances de leur propre religion[33].

En dehors de la philosophie et de sciences profanes, dans le processus de l'inculturation de l'évangile, les Pères étaient également ouverts aux religions païennes. En rencontrant d'autres cultures, les Pères ne font pas seulement face à une

---

[30] Cfr J Daniélou (1975) 107-119.

[31] Cfr Cfr J Daniélou (1975) 62-83. Cfr B Sombel Sarr (2013) 37-39.

[32] Cfr F Vinel (1992) *À la naissance de l'Église, Clément et le débat entre Hellénisme et christianisme* in «CPE» 45 (1992), 13.

[33] Cfr B Sombel Sarr (2013) 40.

manière de penser le monde, mais aussi à l'intérieur de celle-ci, à la manière dont l'homme répond aux questions de l'absolu, du sens ultime de la vie etc. Bref, aux questions religieuses. Les principales religions auxquelles se sont confrontées les Pères sont les religions traditionnelles et le judaïsme[34].

Face aux religions païennes, les Pères ont adopté deux attitudes: l'ouverture et la critique, mieux l'accueil-ouverture et la rupture-dépassement. L'accueil-ouverture est une lecture des religions du monde à l'aune du Christ, dans une perspective visant à percevoir dans leurs valeurs, les germes de la présence du Logos divin. Tandis que la rupture-dépassement est la lecture critique des religions païennes dont sont mises en exergue les limites, en prenant le Christ et son message comme horizon, dans une perspective de dépassement et d'assomption[35].

Les Pères critiquent les religions païennes dont ils soulignent l'absurdité et l'immoralité des mythes fondateurs ainsi que du polythéisme, auxquels ils opposent les prescriptions du Décalogue (*Ex* 20, 3-5). Ils s'indignent de ce que les païens adorent des créatures: soleil, lune, statues comme des dieux[36].

Par rapport aux valeurs religieuses des nations, l'attitude des Pères était celle d'ouverture[37]. Celle-ci s'appuie sur le caractère universel de l'Évangile et du salut destiné à tout homme. L'histoire ancienne des peuples est assumée par le Christ. Ainsi pour les Pères, le Verbe de Dieu était présent chez les sages païens[38]. Les Pères

---

[34] Cfr B Sombel Sarr (2013) 43.

[35] Cfr J Daniélou (1975) 23-40. Cfr B Sombel Sarr (2013) 44.

[36] «Les fabricants de statues "outragent une argile sensible", en forçant sa propre nature et en persuadant par leur art de l'adorer; ceux qui en font des dieux n'adorent pas, du moins en mon sens, des dieux et des démons, mais l'argile et l'art, tout ce que sont sans plus, les statues (...) Dieu le seul vrai Dieu est spirituel, et non sensible» Clément d'Alexandrie, *Le protreptique*, IV, 51 (Trad . Cl. Mondésert) Sch 2, 1949, 113-114.

[37] Cfr J Daniélou (1975) 43-50.

[38] Pour Justin, ceux qui ont vécu en conformité avec le Verbe sont chrétiens, eussent-ils passer pour athées, comme par exemple, en Grèce, Socrate, Héraclite et leurs semblables.... Cfr Justin, *Première Apologie*, 46, 3 (trad. A. Wertelle légèrement modifiée), Paris, Études augustiniennes, 1987, 161. Cfr J Daniélou (1975) 52-61. À Justin, nous devons également la théorie du *logos spermatikos* selon laquelle le Verbe divin, même avant son incarnation, était disséminé dans l'univers entier. Tous les peuples avaient donc en eux des semences de vérité et de sainteté déposées par le Verbe éternel de Dieu. Cfr J Daniélou (1975) 55-58. Origène reconnaît que les nations ont connu d'authentiques prophètes

ne se contentent pas seulement de déceler la présence des germes du logos dans les religions païennes[39]; ils posent aussi la question du salut des païens. Nous avons approfondi cette question avec Jean Daniélou dans notre premier livre[40].

Pour tout dire, la démarche des Pères, dans le processus d'inculturation de l'évangile dans le monde grec, se caractérise par l'accueil-ouverture et la rupture-dépassement de la culture locale, des sciences profanes et des religions païennes. Dans un contexte de rencontre entre l'évangile et le monde païen, cette démarche était nécessaire dans la mesure où elle permettait aux chrétiens de se définir par rapport à l'hellénisme[41].

En effet, si le christianisme est un essor d'une réalité complètement nouvelle, il s'affirme en même temps comme légitime héritier de la raison hellénique et de la foi biblique. Ainsi, l'attitude des Pères de l'Église face au Judaïsme, en particulier face à l'Ancien Testament ne sera pas différente; elle restera toujours celle adoptée face à l'hellénisme. Dans les deux cas il s'agit de la continuité ou accueil-ouverture et de l'assomption ou rupture-dépassement[42].

Justin et les autres Pères reprochent aux Juifs de ne pas tirer les conséquences de l'Ancien Testament, en reconnaissant Jésus Christ comme l'aboutissement et l'accomplissement des prophéties, le sauveur et le messie attendu. Contre les juifs, ils soulignent la supériorité du Nouveau Testament sur l'Ancien et contre les gnostiques, ils brandissent l'unité de deux Testaments[43].

---

comme Balaam. Dieu se communique où résident le plus la confiance et l'admiration des païens. Cfr Origène, *Homélie sur les Nombres*, XV, 1(trad. A. Méhat), Sch 29, 311-312.

[39] Cfr J Daniélou (1975) 52-55.

[40] Cfr J P Kalongisa Munina (2016) *La mystagogie comme pédagogie...*, 53-57.

[41] Cfr J Daniélou (1975) 53-55; 237.

[42] Cfr J Daniélou (1975) 237.

[43] Cfr J Daniélou (1950) XI-XII.

Toutefois, la question de l'emploi de l'Ancien Testament par les Pères revêt plusieurs aspects. Les Pères, affirme Daniélou, sont héritiers de diverses traditions exégétiques[44]. À travers Philon d'Alexandrie, nous voyons que le judaïsme hellénistique connaissait plusieurs écoles avant notre ère, du littéralisme plus matériel jusqu'à l'allégorisme plus effréné. Philon, personnellement a inauguré une allégorie morale qui voit dans les récits de la Bible un symbole de l'itinéraire de l'âme vers Dieu. À son tour, le gnosticisme a suscité sa propre exégèse selon laquelle les événements de l'Écriture deviennent les images visibles des réalités du plérôme[45].

Toujours selon le même théologien français, le judaïsme, dans les formes nouvelles, en particulier dans la littérature haggadique, a agi sur les auteurs chrétiens. Justin a été en contact avec le juif Tryphon; Origène a consulté des rabbins et leur a emprunté l'exégèse; la littérature syriaque, chez Eusèbe d'Emèse ou chez Ephrem, est nourrie de haggadah juive[46].

Les chrétiens hériteront ces divers types d'interprétations, qui font partie de la culture de leur temps, mais l'essentiel de l'exégèse chrétienne n'est pas ici. Le rapport du Nouveau Testament avec l'Ancien touche le cœur même du message chrétien. Christ se présente dans l'Évangile comme celui qui réalise l'événement eschatologique annoncé par les prophètes dont les réalités de l'Ancienne alliance constituaient l'esquisse. Ceci constitue, dans les trois premiers siècles, le motif même de la démonstration chrétienne. L'argument fondamental sur lequel les Pères fondent leurs affirmations au sujet du Christ, est que celui-ci réalise tout ce que les prophéties avaient annoncé. La relation entre les deux Testaments sur ce plan n'est pas le produit d'aucune école: c'est le bien commun de l'Église. Elle ne correspond pas à l'exégèse littérale, qui concerne les réalités de l'Ancien Testament en soi, ni à l'exégèse

---

[44] Il suffit de lire le livre de Bonsirven pour découvrir combien de variétés présentait déjà l'exégèse judéo-palestinienne. Cfr J Bonsirven (1939) *Exégèse rabbinique et exégèse paulinienne*, Paris. Les découvertes de Qumrân ont ouvert de nouvelles perspectives. Cfr J Daniélou (1957) *Les manuscrits de la mer Morte et les origines du christianisme*, Éditions de l'Orante, Paris.

[45] Cfr J Daniélou (1975) 237-238.

[46] Cfr J Daniélou (1958) *Théologie du judéo-christianisme. Histoire des doctrines chrétiennes avant Nicée I*, Desclée, Paris-Tournai, 20; 34.

allégorique qui recouvre les multiples utilisations possibles de l'Écriture considérée comme un ensemble des symboles. Elle concerne la relation historique entre les deux moments du dessein de Dieu. Les Pères l'ont appelée typologie parce qu'elle établit les correspondances entre l'Ancien et le Nouveau Testament pour énucléer les lois de l'action divine[47].

Cette typologie constitue l'élément essentiel permanent de l'exégèse patristique. Elle se rencontre dans tous les auteurs. Elle apparaît dans son état pur dans la catéchèse, en l'occurrence dans la *Démonstration de la prédication apostolique* d'Irénée[48]. Elle se retrouve dans l'homilétique: elle constitue le fond de l'*Homélie sur la passion* de Méliton[49]. Chez Origène, elle s'applique plus directement à l'âme chrétienne[50]. Tandis que chez Méthode, elle se colore d'images grecques[51]. Elle fait partie de l'enseignement chrétien élémentaire[52].

2. L'inculturation de la liturgie

Avec la typologie, nous ne sommes plus au niveau du discours missionnaire, mais à celui de la catéchèse commune[53]. En effet, pour inculturer la liturgie, les Pères de l'Église se sont servi de l'exégèse typologique dans leurs catéchèses et dans leurs homélies. Appliquée à la liturgie, cette exégèse a donné naissance à la mystagogie. Raison pour laquelle ces catéchèses et ces homélies sont appelées mystagogiques.

De par sa définition, la méthode ou l'exégèse typologique consiste à établir des correspondances entre les deux Testaments pour découvrir la présence cachée du Christ au fil des pages de la Bible. Elle cherche à trouver dans le texte des types, c'est-à-dire une préfiguration, un symbole annonciateur de Jésus ou de la vie

---

[47] Cfr J Daniélou (1975) 238.

[48] Cfr J Daniélou (1975) 265-278.

[49] Cfr J Daniélou (1975) 278-281.

[50] Cfr J Daniélou (1975) 223-342.

[51] Cfr J Daniélou (1975) 343-355.

[52] Cfr J Daniélou (1950) *Sacramentum futuri. Études sur les origines de la typologie biblique*, Beauchesne, Paris.

[53] Cfr J Daniélou (1975) 238.

chrétienne. Elle tente de repérer en quoi tel événement ou tel personnage, tel lieu, est une figure, une ombre, un modèle de Jésus et de son œuvre[54]. En peu de mots, la méthode typologique établit une correspondance entre ce qu'annonce l'Ancien Testament et ce qu'accomplit le Nouveau Testament[55].

Son point de départ se trouve dans l'Ancien Testament. Ses origines se trouvent dans le judaïsme[56]. Les Pères de l'Église recourront à la typologie pour justifier l'unité de deux Testaments et défendre la vérité du message qu'ils annonçaient[57]. D'où les avantages de cette approche.

Elle met en valeur l'unité de l'Ancien et du Nouveau Testament, elle en souligne le lien et l'inspiration. La typologie repose sur la constance de l'action divine, le fait que Dieu ne change pas: il a agi de telle façon, il agira encore de même maintenant et toujours[58]. En outre, dans la lecture typologique, le Christ est considéré comme le grand exégète, le grand interprète de l'Écriture, la clé pour comprendre l'Écriture[59]. Enfin, l'approche typologique présente un avantage particulier pour la liturgie: elle met en évidence la similitude entre deux situations à priori assez éloignées, ce qui permet de faciliter l'actualisation, l'appropriation de certains passages bibliques[60]

Appliquée à l'Écriture, la typologie s'appelle exégèse spirituelle; appliquée à la liturgie, elle s'appelle mystagogie[61]. En d'autres termes, la mystagogie est la typologie biblique appliquée à la liturgie. C'est en effet au quatrième siècle qu'est

---

[54] Cfr V Duval-Pujol (2011) *10 clés pour comprendre la Bible*, Empreinte, France, 18. Cfr J-F Kalongisa Munina (2016) *La mystagogie comme pédagogie et herméneutique liturgique*, …, 224-225.

[55] Cfr J Daniélou (1951) *Bible et liturgie*…, 8.

[56] Cfr J Daniélou (1951) 8-12.

[57] C'est à l'occasion de conflits relatifs à l'Ancien Testament que les Pères ont eu à insister sur la typologie, qui marque à la fois contre les gnostiques l'unité des deux Testaments, et contre les juifs la supériorité du Nouveau Testament. Cfr J Daniélou (1950) X.

[58] Cfr V Duval-Pujol (2011) 19.

[59] Cfr V Duval-Pujol (2011) 19.

[60] Cfr V Duval-Pujol (2011) 19.

[61] Cfr J Daniélou (1945) *Le symbolisme des rites baptismaux* in «DViv» 1, 17.

née la mystagogie, lorsque les Pères commencent à appliquer à la liturgie la méthode destinée à l'interprétation de la Bible, pour expliquer aux néophytes et aux fidèles chrétiens le sens des rites, gestes et symboles liturgiques[62].

En effet, le discours des Pères prononcé au cœur de la liturgie est tissu de Bible. Ils commentent des lectures par des rapprochements avec d'autres passages scripturaires; ils dévoilent le sens des signes et des rites sacramentels en montrant de quels événements prophétiques, accomplis dans le Christ, ils sont l'actualisation. En peu de mots, ils font de la mystagogie.

Si la typologie biblique consistait dans l'interprétations des événements et des figures (*typoi*) de l'Ancien Testament afin de découvrir la préfiguration du mystère du Christ, la mystagogie, entendue comme typologie biblique appliquée à la liturgie, met en relation la liturgie, en particulier les rites, avec les événements de l'histoire du salut, qu'ils soient de l'Ancien ou du Nouveau Testament pour rendre la célébration liturgique salvifique[63]. De cette façon, chaque geste de la liturgie est interprété en rapport avec ce que Dieu, à travers le Christ, a fait dans l'économie du salut, et ce que le chrétien, conformé au Christ, est appelé à être et à vivre[64]. Emerge ainsi, à partir de cette méthode mystagogique, la valeur spirituelle et salvifique de l'action liturgique:

«Comme les saintes Écritures cachent le sens spirituel sous l'écorce de la *graphé*, de l'écriture, ainsi la liturgie cache le sens spirituel sous l'écorce de l'*ergon*, de l'action, du geste, du rite. Le rite est

---

[62] Selon une note précise de Nicolas Ozoline, c'est Origène qui a transposé aux rites liturgiques chrétiens la méthode d'explication que ses prédécesseurs avaient appliquée au culte juif. Par là, il a posé les principes et défini la méthode de l'explication "mystique" de la liturgie. Cet apport spécifique d'Origène ne sera assimilé que peu à peu par la tradition commune. La transition de l'exégèse spirituelle du culte de l'Ancienne Loi à l'interprétation mystagogique de la liturgie de l'Église, comme le précise Ozoline, sera très lente. L'évolution sera achevée chez le Pseudo-Denys dont la "theoria" sacramentelle reprend la méthode d'Origène. Cfr N Ozoline (1992) *La symbolique cosmique du temple chrétien selon la mystagogie de saint Maxime le Confesseur* in A. M. Triacca, A. Pistoia [edd.] (1992) *Mystagogie: pensée liturgique d'aujourd'hui et liturgie ancienne* (Conférence saint Serge), Edizioni liturgiche, Roma, 254-255. Cfr J-P Kalongisa Munina (2016) 229.

[63] Cfr E Mazza (1988) *La mistagogia. Le catechesi liturgiche della fine del quarto secolo e il loro metodo*, Edizioni liturgiche, Roma, 1996, 217. Cfr J-P Kalongisa Munina (2016) 230.

[64] L D'Ayala Valva [ed] (2012) *Entrare nei misteri di Cristo. Mistagogia della liturgia eucaristica attraverso i testi dei padri della greci e bizantini*, Qiqajon, Bose, 20.

pour la liturgie ce que la lettre est pour les saintes Écritures. C'est pourquoi, comme les saintes Écritures, la liturgie exige une intelligence spirituelle, une pénétration, une pénétration en profondeur. Plus on lit les textes mystagogiques, mieux on se rend compte que la mystagogie n'était pas pour les Pères une simple initiation à la liturgie; mais plutôt une compréhension, à partir de la liturgie, du mystère, de l'unique mystère contenu dans les saintes Écritures et célébré dans la liturgie»[65].

En définitive, la méthode mystagogique des Pères se caractérise par trois éléments: la valorisation des signes en vue d'introduire les fidèles dans le mystère célébré; l'interprétation des rites à la lumière de la typologie biblique; l'ouverture à l'engagement chrétien et ecclésiale comme expression d'une nouvelle vie en Jésus-Christ[66].

Nous avons brossé, de façon lapidaire, la démarche des Pères dans le processus de l'inculturation du message évangélique et de la liturgie. En dépit des imperfections qu'elle peut présenter aux yeux des exégètes modernes et contemporains[67], la méthode des Pères reste un exemple et un modèle pour toute théologie et plus précisément, pour toute théologie d'inculturation[68].

Du point de vue théologique, en général, la méthode des Pères de l'Église se caractérise par l'accueil-ouverture et par la rupture-dépassement. Elle nous apprend que la théologie s'appuie sur une intelligence des situations dans lesquelles elle s'élabore. La culture du milieu ne peut être ignorée, moindre soit-elle, comme le rappelle le pape François dans son *Exhortation apostolique Evangelii gaudium*. Le peuple de Dieu, dit-il, est un peuple aux multiples visages[69].

---

[65] G Boselli (2011) *Il senso spirituale de la liturgia*, Qiqajon, Bose, 26.

[66] Cfr D Sartore (1986) *La mistagogia, modello e sorgente di spiritualità cristiana* in «RL» 73, 508-521.

[67] Certains exégètes ont été déconcertés par les commentaires scripturaires des Pères de l'Église. Ils y ont trouvé des interprétations d'origines très diverses où le meilleur et le pire étaient inextricablement mêlés. Cfr J Daniélou (1950) V. Toutefois, la Commission biblique pontificale reconnaît dans les Pères de l'Église les meilleurs exégètes chrétiens. Cfr CBP (1993) *L'interprétation de la Bible dans l'Église*, Libreria editrice vaticana, Città del Vaticano, 46.

[68] La théologie des Pères nous montre que le christianisme dès l'origine, est le fruit d'une inculturation. Cette première inculturation est exemplaire pour l'Église universelle. Cfr B Sombel Sarr (2013) 12.

[69] Cfr *EG*, 115.

Dans cette logique, quand une communauté accueille l'annonce du salut, c'est l'Esprit Saint qui féconde sa culture avec la force transformante de l'Évangile. De sorte que, comme nous pouvons le voir dans l'histoire de l'Église, le christianisme n'a pas un modèle culturel unique, mais tout en restant pleinement lui-même, dans l'absolue fidélité à l'annonce évangélique et à la tradition ecclésiale, il revêtira aussi les visages des innombrables cultures et des innombrables peuples où il est accueilli et enraciné. Chez les divers peuples, qui expérimentent le don de Dieu selon leur propre culture, l'Église exprime sa catholicité authentique et montre la beauté de ce visage multiforme[70].

Le Nord et le Sud, qui constitue un frein à l'unité et à la fraternité universelle, n'est pas uniquement un problème géopolitique, mais aussi un problème culturel. Parmi les cultures, certaines se considèrent supérieures par rapport aux autres cultures. Et cela non seulement au niveau mondial, au niveau macrocosme, mais aussi au niveau des villages, des tributs etc.[71].

Mais le christianisme des Pères de l'Église n'a pas détruit les cultures païennes. Il a essayé de les transformer progressivement, en s'appuyant sur leurs modes de pensée et leurs structures sociales. Le Pères, avec leur méthode, font comprendre que le message du Christ est pertinent pour toute culture. Sa dynamique de transformation est universelle.

Il est vrai que l'utilisation de la langue est importante dans le processus d'inculturation. Mais en plus de la langue, il y a la nécessité d'utiliser les champs de rationalités propres aux cultures. Les Pères ont utilisé la littérature, le discours philosophique, l'histoire, dans le contexte grec. Dans le contexte africain, ils allaient utiliser la symbolique, la rationalité africaine étant symbolique.

---

[70] Cfr EG, 116.

[71] En Afrique, pour ne parler que de mon continent, dans chaque village, il y a le Nord et le Sud, dans chaque tribu, il y a le Nord et le Sud: Kumpata-kuibanda (tshilwalwa); tshiashi-lwilu (kanyoka) ; kumutu-kumanda (Ciluba) etc. Cette distinction dissimule la fausse vérité du Nord développé et du Sud sous-développé.

Nous inspirer des Pères pour une inculturation de la théologie en général, signifie prendre en compte la dimension symbolique de la rationalité africaine:

«La théologie des Pères est une théologie d'inculturation. Elle interpelle la théologie africaine sur la culture africaine dans un contexte d'écartèlement où l'unique raison universelle est utilisée à travers de multiples rationalités à l'œuvre dans l'Afrique contemporaine. Faire une théologie d'inculturation nous interpelle donc à sortir de la dualité tradition / modernité pour penser leur interconnexion dans l'imaginaire»[72].

En effet, si la théologie des Pères est exemplaire pour toute théologie, comme ne cesse de le rappeler le magistère de l'Église, elle nous permet, en contexte africain, de penser la théologie de l'inculturation à l'intérieur de l'Église universelle. Les Pères nous montrent qu'une inculturation n'est véritable que si s'opère un double mouvement d'enracinement et de rupture. Enracinement dans une culture dont il faut bien comprendre tous les éléments, enracinement dans une foi authentique et sans concessions en Jésus-Christ, seul Sauveur. Ce double enracinement peut permettre d'opérer les ruptures, auxquelles l'Évangile appelle toute culture[73]. Les Pères nous montrent, en outre, qu'une inculturation n'est féconde que si elle pose les questions de fond de la rencontre entre l'Évangile et les cultures[74].

Les Pères vivent dans des contextes assez semblables aux nôtres, marqués par la forte présence des religions traditionnelles et des sectes. La rencontre entre l'Évangile et les cultures dites païennes, devient le lieu d'enracinements et des ruptures qui favorisent l'émergence d'une société et d'une culture nouvelles. Cette

---

[72] B Sombel Sarr (2013) 61.

[73] Cfr B Sombel Sarr (2013) 62.

[74] «L'inculturation signifie une intime transformation des authentiques valeurs culturelles par leur intégration dans le christianisme, et l'enracinement du christianisme dans les diverses cultures humaines ». Le terme «inculturation » désigne un double mouvement: « Par l'inculturation, l'Église incarne l'Évangile dans les diverses cultures et, en même temps, elle introduit les peuples avec leurs cultures dans sa propre communauté. D'une part, la pénétration de l'Évangile dans un milieu socioculturel donné «féconde comme de l'intérieur les qualités spirituelles et les dons propres à chaque peuple (…), elle les fortifie, les parfait et les restaure dans le Christ» Jean-Paul II (1990) *Redemptoris missio. Lettre encyclique*, n- 52. D'autre part, l'Église assimile ces valeurs, dès lors qu'elles sont compatibles avec l'Évangile, «pour mieux approfondir le message du Christ et pour l'exprimer plus parfaitement dans la célébration liturgique comme dans la vie multiforme de la communauté des fidèles». *Gaudium et spes*, n. 58. Cfr CCDDS (1994) n. 4; Cfr B Sombel Sarr (2013) 64.

rencontre montre comment l'Évangile est pour toute culture, un lieu de fécondation dynamique dans les contextes de crise qui rythment l'histoire des peuples[75].

Somme toute, les méthodes des Pères nous interpellent et nous aident à aborder quelques questions épistémologiques et de fond de l'inculturation de l'Évangile en Afrique. L'utilisation de la méthode des Pères pour aborder quelques éléments de la culture africaine, comme le soutient Sombel, est porteuse de fécondité[76].

Du point de vue liturgique, les Pères ont employé la méthode mystagogique, dont les origines remontent à l'exégèse juive, dans leurs catéchèses et dans leurs homélies, pour transmettre les vérités de la foi. Le IVe et le Ve siècles, nous le savons, sont considérés comme l'âge d'or de la patristique. Devant les conversions massives, il devient nécessaire d'expliquer les données de la foi de manière accessible. La notion et la réalité d'initiation du monde antique ont trouvé un accueil favorable en Orient et ont permis de mettre en œuvre une pédagogie capable de faire comprendre la sacralité des sacrements chrétiens[77].

L'homilétique devient, pour les Pères, un élément important de la pastorale. Dans sa pédagogie, la prédication chrétienne est une tentative de christianisation d'une culture encore marquée par le paganisme. Si dans les discours, elle fustige les compromissions avec des pratiques du passé, elle use toutefois de finesse et de pédagogie dans sa praxis pastorale. Les grandes solennités du judaïsme, Pâque et Pentecôte, sont restées celles du christianisme, en se chargeant d'un sens nouveau[78], l'Église d'Occident, avec beaucoup de pédagogie et d'imagination, christianise les fêtes païennes. Le *natalis solis invicti*, venu d'Orient, fête de la lumière et du Soleil, devint la fête de la nativité du Christ[79].

---

[75] Cfr B Sombel Sarr (2013) 15.

[76] Cfr B Sombel Sarr (2013) *Théologie des Pères de l'Église…*, 9.

[77] Cfr B Sombel Sarr (2013) 32-33. Cfr P-M Gy (1989) *L'inculturation de la liturgie chrétienne en Occident* in «LMD» 179 (1989) 24.

[78] Cfr J Daniélou (1961) *Les symboles chrétiens primitifs*, Seuil, Paris, 9 ; Cfr J-P Kalongisa Munina (2016) 52.

[79] Cfr B Sombel Sarr (2013) 33.

Selon le théologien français, Jean Daniélou, c'est presque tout le culte qui a subi l'influence du judaïsme. Le domaine de l'organisation du culte, est sans doute, celui où la marque judéo chrétienne a subsisté le plus profondément dans l'Église chrétienne[80]. Le baptême chrétien est en relation avec les coutumes juives. Il se rattache directement au baptême de Jean Baptiste. Celui-ci à son tour dépend du milieu juif[81]. Pour ce qui est de l'eucharistie, le choix du pain et du vin paraît bien contenir une allusion au sacrifice de Melchisédech; le cadre du repas, une allusion aux repas sacrés du judaïsme, figure du festin messianique du peuple et de Dieu[82].

Pour le cardinal Jean Daniélou, le Sitz im leben de la première liturgie chrétienne est davantage à chercher dans les coutumes cultuelles des communautés juives de mouvance essénienne. C'est là que les usages de l'initiation baptismale, que le cadre de l'institution eucharistique, que les heures de la prière, que le rituel des fêtes trouvent des analogies[83].

Pour son compatriote Irénée Henri Dalmais, la plupart des gestes liturgiques sont d'origine et de culture diverses (inculturés)[84]. Ils sont la sacralisation, dans les perspectives du message chrétien, des gestes humains dont la valeur symbolique s'est partout imposée, ou des comportements qui avaient reçu, à un titre ou un autre, une valeur sacrale dans les civilisations dans lesquelles le christianisme s'est enraciné[85]. En d'autres termes, le christianisme n'a pas détruit les gestes et symboles des cultures qu'il évangélisait, au contraire, il les a sacralisés pour en faire les symboles des mystères du Christ.

---

[80] Cfr J Daniélou (1957) *Les manuscrits de la mer morte et les origines du christianisme*, Orante, Paris, 369.

[81] Cfr J Daniélou (1958) *Théologie du Judéo-christianisme…*, 370. Cfr J-P Kalongisa Munina (2021) *Le baptême face aux nouvelles formes des déviations. Une approche mystagogique*, CS, Paris.

[82] Cfr J Daniélou (1951) *Bible et liturgie. La théologie biblique des sacrements et des fêtes d'après les Pères de l'Église*, Cerf, Paris, 12.

[83] Cfr J Daniélou (1958) *Théologie du judéo-christianisme*, 369.

[84] Cfr J-P Kalongisa Munina (2021) *Le baptême face aux nouvelles formes des déviations. Une approche mystagogique*, CS, Paris.

[85] Cfr I H Dalmais (1958) *Initiation à la liturgie*, Desclée, Paris, 145. Cfr J-P Kalongisa Munina (2016) *La mystagogie comme pédagogie et herméneutique liturgique*, CS, Paris, 183-186.

La liturgie chrétienne, comme toutes les autres, a largement puisé dans le cérémonial des cours. De là les inclinations, les génuflexions, les baisers de respect, familiers aux anciens et que la liturgie a conservé jusqu'à présent. De là aussi les rites tels que les luminaires de procession et les encensements[86].

L'ensemble le plus riche et le plus significatif est fourni par l'ancienne liturgie funèbre qui assume et sacralise tous les gestes de la toilette et de l'ensevelissement des défunts. Avec un art consommé, les liturgies chrétiennes ont su reconnaître et mettre en valeur la signification sacrée des gestes les plus simples que comporte toute action en commun: sacralisation de la marche dans les cortèges et les processions, purification rituelle des objets et des célébrants etc.[87].

En dehors des gestes humains, la liturgie chrétienne a assumé et transfiguré aussi certains éléments du monde végétale pour en faire porteurs de signification et de valeurs surnaturelles. C'est le cas de l'eau dont le symbolisme offre plusieurs significations[88]. C'est aussi le cas du pain, du vin et de l'huile, constituants essentiels de la culture méditerranéenne[89]. Toujours du monde végétal, la liturgie emploiera, à titre d'ornements, en signe de vie et de joyeuse espérance de résurrection, les fleurs et les rameaux verdoyants qui tenaient une place de choix en Israël lors de la fête, si riche de signification messianique, dite des Tabernacles[90].Toutefois, ce n'est pas pour elles-mêmes ou en raison de leur seul symbolisme naturel que de telles réalités sont acceptées par la liturgie, mais en raison d'une référence au mystère du salut[91].

Quoiqu'il en soit, les symboles et les gestes qui composent les rites liturgiques sont un exemple palpable d'inculturation. Pour expliquer aux néophytes ces symboles et ces gestes, bref, ces rites, les Pères de l'Église ont fait recours à la méthode

---

[86] Cfr I H Dalmais (1958) *Initiation à la liturgie…*, 147. Cfr J-P Kalongisa Munina (2016) *La mystagogie comme pédagogie…*, 182.

[87] Cfr I H Dalmais (1958) 149. Cfr J-P Kalongisa Munina (2016) 182.

[88] Cfr I H Dalmais (1958) 151. Cfr J-P Kalongisa Munina (2016) 183.

[89] Cfr I H Dalmais (1958) 152-153.

[90] Cfr I H Dalmais (1958) 152.

[91] Cfr I H Dalmais (1958) 150.

mystagogique. À la suite de Pères de l'Église, les pontifes romains poursuivront le discours sur l'inculturation dans le but de rendre fertile la mission évangélisatrice.

Chapitre II. Le magistère et l'inculturation

«Il est maintenant plus clair qu'«en entrant en contact avec les cultures, l'Église doit accueillir tout ce qui, dans les traditions des peuples, est conciliable avec l'Évangile, pour y apporter les richesses du Christ et pour s'enrichir elle-même de la sagesse multiforme des nations de la terre»[92].

Ce discours du pape Jean-Paul II à l'assemblée plénière du Conseil Pontifical pour la Culture, montre tout l'intérêt du magistère envers l'inculturation. En effet, dans l'histoire de l'inculturation, le pape Jean-Paul II occupe une place de choix. C'est l'un des pontifes qui ont pu soutenir et promouvoir l'inculturation soit de l'évangile soit de la liturgie dans plusieurs pays du monde. Ses multiples écrits et surtout ses exhortations apostoliques post synodales le prouvent à suffisance. Il suffit de lire *Ecclesia in Africa, Ecclesia in Europa, Ecclesia in Asia, Ecclesia in America, Ecclesia in Oceania* etc. pour comprendre sa vision de l'inculturation: une inculturation en lien avec la mission évangélisatrice de l'Église. Dans chacune de ces Exhortations, le pape invite à tenir compte, dans l'évangélisation des peuples, de la culture locale en respectant et en promouvant ses valeurs positives.

Certes, avant lui, tout comme après lui, d'autres pontifes ont parlé de l'inculturation. Pensons, par exemple à Paul VI qui invitait les africains à être responsables de la mission sur le continent et dans le monde[93]; pensons également à Benoît XVI qui ne s'est jamais opposé à l'inculturation. Très récemment, le pape François marche sur le pas de Jean-Paul II. Sa vision de l'inculturation n'est pas différente de celle de Jean-Paul II. Comme son prédécesseur, le pape argentin demande de tenir compte de l'inculturation dans la nouvelle évangélisation.

---

[92] Jean-Paul II (1987) *Discours à l'assemblée plénière du Conseil pontifical pour la Culture*, 17 Janvier, 1987, n. 5: *AAS* 79 (1987), 1204.

[93] «Africains, vous êtes désormais vos propres missionnaires». Paul VI, *Discours au Symposium des Conférences épiscopales d'Afrique et de Madagascar* (31 juillet 1969), n.1: *AAS* 61 (1969), 575.

Dans le cadre restreint de cette investigation, nous nous limitons à la présentation de l'inculturation chez Jean-Paul II et chez François. Le premier met en relation l'inculturation avec la mission évangélisatrice de l'Église[94]; le second identifie l'évangélisation à l'inculturation[95].

1. Inculturation et évangélisation chez Jean-Paul II

Le magistère de Jean-Paul II, s'est caractérisé par des grands voyages dans beaucoup de pays du monde entier. Ces multiples voyages lui ont permis d'entrer en contact avec d'autres cultures et d'en découvrir la richesse. Raison pour laquelle, le pape n'est pas resté indifférent face au courant de l'inculturation. À titre d'exemple, aux journalistes qui revenaient avec lui d'une tournée en Afrique, le pape répondait en ces termes:

«Quelque fois on se demande: pourquoi le Pape retourne toujours en Afrique? Je ne peux pas donner la réponse en ce moment, parce qu'il y a beaucoup de raisons. Mais je voudrai vous faire une proposition. Cherchez un peu de réfléchir sur ce que nous avons vécu jour après jour et qui s'appelle: la messe africaine ou la liturgie africaine. Cherchez d'en analyser tous les éléments. Peut-être le mot inculturation ne suffit pas pour expliquer toute la réalité et l'expérience vécue de cette liturgie africaine. Ce n'est pas une question, c'est une proposition. Pour moi c'est une des raisons pour retourner là où naissent les valeurs, où se manifeste ce qu'est la culture, son sens, peut-on dire, primitif, son sens original (...) cherchez de réfléchir un peu sur ce problème»[96].

Dans son *Exhortation Apostolique post-synodale*, *Ecclesia in Africa*, le terme «inculturation» apparaît 33 fois et il signifie entre autre, l'exigence de l'évangélisation, cheminement vers une pleine évangélisation:

«Les Pères synodaux ont à maintes reprises souligné l'importance particulière pour l'évangélisation de l'inculturation ou processus par lequel "la catéchèse s'incarne dans les différentes cultures". L'inculturation comprend une double dimension: d'une part "une intime transformation des

---

[94] Cfr Jean-Paul II (1994) *Ecclesia in Africa. Exhortation apostolique post synodale sur l'Église en Afrique et sa mission évangélisatrice vers l'an 2000*, Libreria editrice vaticana, 2012.

[95] Cfr François (2013) *Evangelii gaudium. Exhortation apostolique sur l'annonce de l'évangile dans le monde d'aujourd'hui*, Libreria editrice vaticana, Città del Vaticano, n. 122.

[96] « il rientro di Giovanni Paolo II in Vaticano a conclusione della visita pastorale in Angola e São Tomé e Príncipe. Un pellegrinaggio alla riscoperta di valori che animano la religiosità e la cultura africana» dans l'*Osservatore Romano*, éd. Française, 132, n. 135 (ven, 12 juin 1992), 1.

authentiques valeurs culturelles par leur intégration dans le christianisme” et, d’autre part, “l’enracinement du christianisme dans les diverses cultures”. Le synode considère l’inculturation comme une priorité et une urgence dans la vie des Églises particulières pour un enracinement réel de l’Évangile en Afrique, “une exigence de l’évangélisation”, “un cheminement vers une pleine évangélisation”, l’un des enjeux majeurs pour l’Église dans le continent à l’approche du troisième millénaire»[97].

Conçue de cette manière, l’inculturation englobe tous les domaines de la vie de l’Église et de l’évangélisation: théologie, liturgie, vie et structure de l’Église[98]. En ce qui concerne particulièrement la liturgie, l’inculturation, selon le pape, sans préjudice des traditions propres à chaque Église, latine ou orientale, doit être poursuivie, pour que le peuple fidèle puisse mieux comprendre et vivre les célébrations liturgiques, pourvu qu’elle ne change rien aux éléments essentiels de la liturgie[99].

En effet, dans l’inculturation de la liturgie, comme le précise le document *Varietates legitimae*, il ne s’agit pas de changer les éléments essentiels de la célébration liturgique, mais d’organiser les textes et les rites de sorte qu’ils expriment avec plus de clarté les réalités saintes qu’ils signifient et que le peuple chrétien puisse facilement les saisir et y participer par une célébration pleine, active et communautaire[100].

Mais, cette tâche, reconnaissent les Pères synodaux, n’est pas aisée; il s’avère difficile et délicate, car elle met en jeu la fidélité de l’Église à l’Évangile et à la Tradition apostolique dans une évolution constante des cultures. Au regard des rapides changements culturels, sociaux, économiques et politiques, les Églises locales doivent travailler à un processus d’inculturation toujours renouvelé en respectant les deux critères suivants: la compatibilité avec le message chrétien et la communion

---

[97] *Ecclesia in Africa*, 59.

[98] *Ecclesia in Africa*, 62, 78.

[99] Cfr *Ecclesia in Africa*, 64.

[100] Cfr *SC* 14-19; Cfr *Varietates legitimae*, 35.

avec l'Église universelle. Dans tous les cas, on doit prendre soin d'éviter tout syncrétisme[101].

C'est dire, en d'autres termes, que le processus d'inculturation se fait en gardant l'unité substantielle du rite romain. Cette unité se trouve exprimée actuellement dans les livres liturgiques typiques, publiés sous l'autorité du Souverain Pontife, et dans les livres liturgiques correspondants, approuvés par les Conférences épiscopales pour leurs pays respectifs, et confirmés par le siège apostolique. La recherche d'inculturation ne vise pas la création de nouvelles familles rituelles; en répondant aux besoins d'une culture déterminée, elle aboutit à des adaptations, qui font toujours partie du rite romain[102].

Pour finir, l'inculturation de la liturgie dépend de l'autorité de l'Église. Cette autorité appartient au Siège Apostolique, qui l'exerce par la Congrégation pour le Culte Divin et la Discipline des sacrements; elle appartient aussi, dans les limites fixées par le droit, aux Conférences épiscopales et à l'évêque diocésain. Personne d'autre, même prêtre, ne peut, de son propre chef, ajouter, enlever ou changer quoi que ce soit dans la liturgie. L'inculturation n'est donc pas laissée à l'initiative personnelle des célébrants ou à l'initiative collective d'une assemblée[103].

Si on observe ces règles, écrit le Cardinal Arinze, l'Église locale s'épargnera beaucoup de fausses étapes[104], des innovations lamentables, la confusion évitable et le trouble du peuple de Dieu. L'inculturation de la liturgie, poursuit l'éminent Cardinal, n'est pas la production de l'imagination fertile d'un certain enthousiasme, qui est créé le samedi soir et étalé aux yeux de l'innocente assemblée le Dimanche

---

[101] Cfr *Ecclesia in Africa*, 62.

[102] Cfr *Varietates legitimae*, 36.

[103] Cfr *Varietates legitimae*, 37.

[104] Des instructions claires pour l'introduction appropriée des rites inculturés sont données dans *Varietates legitimae*, nn. 65-69 et dans *Istitutio generalis Missalis Romani*, nn. 395-399. Ce sont des indications pour l'application de *Sacrosanctum Concilium*, n.40. Ces instructions sont reprises par le Cardinal Francis Arinze dans le document que nous avons cité à plusieurs reprises, *Liturgie en Afrique et Madagascar*, 210-211.

matin. C'est une entreprise sérieuse qui affecte la vie de prière de l'Église et même sa foi, si l'on se réfère à l'adage séculaire: *lex orandi, lex credendi*[105].

En guise de conclusion, l'inculturation de la vie chrétienne et de ses célébrations liturgiques, telle que proposée par le pape Jean-Paul II dans ses divers documents et discours durant son pontificat, est le fruit d'une progressive maturité dans la foi. En effet, disait le pape, une foi qui ne devient pas culture est une foi qui n'est pas pleinement accueillie, entièrement pensée et fidèlement vécue[106]. C'est le sens de son discours aux évêques du Zaïre (RD. Congo) qui, les premiers ont obtenu de Rome, le feu vert pour un rite de la messe propre à leurs diocèses[107].

Aujourd'hui, les bases de l'inculturation jetées par Jean-Paul II ont commencé à donner des fruits dans beaucoup de diocèses de la RD. Congo, en Afrique, en Amérique, en Océanie et en Europe[108]. En Europe, par exemple, les fruits concrets sont les célébrations liturgiques du pape François à l'occasion de certaines grandes fêtes en la basilique saint Pierre de Rome, centre du christianisme. Ces célébrations pontificales prennent quelque fois des couleurs interculturelles: la prière des fidèles est faite en diverses langues; le rite de la présentation des offrandes tient compte de la

---

[105] Cfr F Card. Arinze (2009) 210-211.

[106] Cfr Jean-Paul II, *Discours aux participants au Congrès national du mouvement ecclésial d'engagement culturel* (16 janvier 1982): *Insegnamenti* V,1 (1982) 131. Cfr *Ecclesia in Africa*, 78.

[107] «Comment une foi vraiment mûrie ainsi, profonde et convaincue, n'arriverait-elle pas, dès lors, à s'exprimer dans un langage, dans une catéchèse , dans une réflexion théologique, dans une prière, dans une liturgie, dans un art, dans des institutions qui correspondent vraiment à l'âme africaine de vos compatriotes? C'est là que se trouve la clef du problème important et complexe que vous m'avez soumis à propos de la liturgie, pour n'évoquer aujourd'hui que celui-là. Un progrès satisfaisant en ce domaine ne pourra être le fruit que d'une maturation progressive dans la foi, intégrant le discernement spirituel, la lucidité théologique, le sens de l'Église universelle, dans une large concertation» Jean-Paul II, *Discours aux Évêques du Zaïre*, 12 avril 1983, n. 5: *AAS* 75 (1983), 620.

[108] «Depuis quelque temps, l'inculturation est sortie des ghettos où elle semblait confinée comme balbutiement théologique des chrétiens du tiers monde. Remise en selle par le magistère de Jean-Paul II, elle a pris de la place et de l'intérêt pour les théologiens occidentaux» B Sombel Sarr (2013) *Théologie des Pères de l'Église et questions d'inculturation,...*, 61-62.

diversité culturelle, etc.; l'exemple le plus patent est la célébration du synode pour l'Amazonie, un synode aux accents inculturés[109].

2. Inculturation et nouvelle évangélisation chez François

Le pape François partage, actualise et prolonge la vision de l'inculturation amorcée par le pape Jean-Paul II. Dans *Evangelii gaudium*, il Considère l'Église comme peuple de Dieu. Toutefois, précise le pape, ce peuple c'est un peuple aux multiples visages, c'est-à-dire aux multiples cultures:

«Ce peuple de Dieu s'incarne dans les peuples de la terre, chacun de ses membres a sa propre culture. La notion de culture est un précieux outil pour comprendre les diverses expressions de la vie chrétienne présentes dans le peuple de Dieu. Il s'agit du style de vie d'une société précise, de la manière propre qu'ont ses membres de tisser des relations entre eux, avec les autres créatures et avec Dieu. Comprise ainsi, la culture embrasse la totalité de la vie d'un peuple (…) L'être humain est toujours culturellement situé; "nature et culture sont liées de façon aussi étroite que possible. La grâce suppose la culture, et le don de Dieu s'incarne dans la culture de la personne qui la reçoit»[110].

Ainsi, par l'inculturation, l'Église introduit les peuples avec leurs cultures dans sa propre communauté, parce que toute culture offre des valeurs et des modèles positifs qui peuvent enrichir la manière dont l'Évangile est annoncé, compris et vécu[111]. Aucune culture, selon le pape, est supérieure ou belle; et le message révélé ne s'identifie à aucune d'entre elles; il a un contenu transculturel. C'est pourquoi, dans l'évangélisation de nouvelles cultures ou des cultures qui n'ont pas accueilli la prédication chrétienne, il n'est pas indispensable d'imposer une forme culturelle particulière aussi belle et antique qu'elle soit[112]. Dans cette optique, évangéliser, pour le pape sud-américain, signifie inculturer:

«Quand un peuple a inculturé l'Évangile dans son processus de transmission culturelle, il transmet aussi la foi de manière toujours nouvelle; d'où l'importance de l'évangélisation comprise comme inculturation. Chaque portion du peuple de Dieu, en traduisant dans sa vie le don de Dieu selon son

---

[109] Cfr François (2020) *Querida Amazonia*. Chère Amazonie. *Exhortation Apostolique post-synodale au peuple de Dieu et à toutes les personnes de bonne volonté*, Artège, Paris.

[110] *EG*, 115.

[111] Cfr *EG*, 116.

[112] Cfr *EG*, 117.

génie propre, rend témoignage à la foi reçue et l'enrichit de nouvelles expressions qui sont éloquentes»[113].

Comme son prédécesseur Jean-Paul II, François est convaincu que le christianisme n'a pas un modèle culturel unique, mais tout en restant pleinement lui-même, dans l'absolue fidélité à l'annonce évangélique et à la tradition ecclésiale, il revêt aussi le visage des innombrables cultures et des innombrables peuples où il est accueilli et enraciné. Chez les divers peuples, qui expérimentent le don de Dieu selon leur propre culture, l'Église exprime sa catholicité authentique et montre la beauté de ce visage multiforme[114].

De même dans *Querida Amazonia*, le pape François revient sur certaines prises de position de de Jean-Paul II en matière d'inculturation (*QA* 67-69). Comme son prédécesseur, il propose d'étendre l'inculturation à plusieurs domaines: social, spirituel, liturgique et ministériel (*QA* 6, 75-90). Son rêve pour l'Amazonie est celle d'une inculturation intégrale.

Selon François, le processus d'inculturation ne doit déprécier rien de ce qui est bon dans les cultures amazoniennes, mais doit le recueillir et le porter à sa plénitude à la lumière de l'Évangile. Il ne dépréciera pas non plus la richesse de la sagesse chrétienne transmise pendant des siècles, comme si l'on prétendait ignorer l'histoire dans laquelle Dieu a œuvré de multiples manières, car l'Église a un visage multiforme, non seulement dans une perspective spatiale mais aussi dans sa réalité temporelle (*QA* 66).

Pour réaliser une nouvelle inculturation de l'Évangile en Amazonie, certains chemins sont indispensables: l'écoute de la sagesse ancestrale, la reconnaissance des valeurs présentes dans le style de vie des communautés autochtones, la récupération des riches récits des peuples, la reconnaissance pour les fruits de la terre, le caractère sacré de la vie humaine et la valorisation de la famille, le sens de la solidarité et la

---

[113] *EG*, 122.

[114] Cfr *EG*, 116.

coresponsabilité dans le travail commun, l'importance du cultuel, la croyance en une vie au-delà de la vie terrestre et tant d'autres valeurs (*QA* 70-72).

Mais l'inculturation, dit le pape, élève et apporte plénitude. D'où il faut valoriser la mystique autochtone de l'interconnexion et de l'interdépendance de toute la création, une mystique de gratuité qui aime la vie comme un don, une mystique d'admiration sacrée devant la nature qui déborde de tant de vie. L'inculturation aide à comprendre que cette relation avec Dieu présent dans le cosmos doit se transformer en une relation personnelle avec un Tu qui soutient sa réalité et qui veut lui donner un sens, un Tu qui nous connait et qui nous aime (*QA* 73). De même la relation avec Jésus Christ, vrai Dieu et vrai Homme, libérateur et rédempteur, n'est pas contraire à cette vision du monde fortement cosmique qui caractérise Les peuples amazoniens(*QA* 74).

Étant donné la situation de pauvreté et d'abandon de nombreux peuples d'Amazonie, le pape François préconise une inculturation sociale et spirituelle, qui doit nécessairement avoir une odeur fortement sociale et se caractériser par une défense ferme des droits humains. D'où l'urgence et l'importance de former adéquatement les agents pastoraux en matière de doctrine sociale de l'Église (*QA* 75).

En même temps, l'inculturation de l'Évangile en Amazonie doit mieux intégrer la dimension sociale à la dimension spirituelle, de sorte que les plus pauvres ne doivent pas aller chercher hors de l'Église une spiritualité qui réponde aux aspirations de leur dimension transcendante. Pour le pape, il s'agit de relier intimement les deux dimensions pour ne pas tomber dans une religiosité aliénante et individualiste qui évite les revendications sociales pour une vie plus digne; et pour ne pas mutiler non plus la dimension transcendante et spirituelle comme si le seul développement matériel suffisait à l'être humain (*QA* 76).

Parlant de la sainteté amazonienne, le pape fait remarquer qu'un processus d'inculturation, qui implique des chemins non seulement individuels mais aussi populaires, exige un amour du peuple plein de respect et de compréhension. Ne nous précipitons pas, ajoute le saint Père, de qualifier de superstition ou de paganisme certaines expressions religieuses qui surgissent de la vie des peuples (*QA* 78). Il est possible de recueillir d'une certaine manière un symbole autochtone sans le qualifier nécessairement d'idolâtrie. Un mythe chargé de sens spirituel peut être utilisé et pas toujours être considéré comme une erreur païenne. Certaines fêtes religieuses contiennent une signification sacrée et sont des espaces de rencontre et de fraternité, bien qu'un lent processus de purification ou de maturation soit requis (*QA* 79).

Ainsi conçue, l'inculturation socio-spirituelle aboutira à une spiritualité toute centrée sur l'unique Dieu et Seigneur, et sera capable d'entrer en contact avec les nécessités quotidiennes des personnes qui cherchent une vie digne, qui veulent apprécier les belles choses de l'existence, trouver la paix et l'harmonie, résoudre les crises familiales, soigner leurs maladies, voir leurs enfants grandir heureux (*QA* 80).

Mais l'inculturation spirituelle dans les cultures des peuples autochtones ne va pas sans l'inculturation liturgique. Elle trouve dans les sacrements, un chemin d'une valeur particulière parce que le divin et le cosmique, la grâce et la création s'unissent en eux. Déjà le concile Vatican II avait demandé cet effort d'inculturation de la liturgie chez les peuples autochtones, malheureusement constate le pontife romain, plus de cinquante ans se sont écoulés et nous avons fait peu de progrès dans cette ligne (*QA* 82).

Pour finir, l'inculturation de la ministérialité doit aussi se développer et se traduire d'une manière incarnée. Si l'on inculture la spiritualité, si l'on inculture la sainteté, si l'on inculture même l'Évangile, comment ne pas penser à une inculturation de la manière dont les ministères ecclésiaux se structurent et se vivent? (*QA* 85). Dans les circonstances spécifiques de l'Amazonie, en particulier dans ses forêts et ses zones très reculées, le pape propose de trouver un moyen d'assurer le ministère sacerdotal. Ainsi, les laïcs pourront annoncer la Parole, enseigner, organiser leurs communautés, célébrer certains sacrements, chercher différentes voies pour la piété populaire et développer la multitude des dons que l'Esprit répand en eux (*QA* 89).

À travers l'étude de *Evangelii gaudium* et *Querida Amazonia,* on voit bien l'ouverture du pape François à l'inculturation comme voie de la nouvelle évangélisation. Identifier l'évangélisation à l'inculturation c'est tout dire[115]. Aujourd'hui, on ne peut pas évangéliser un peuple en faisant fît de sa culture. La culture c'est l'âme d'un peuple, dans la nouvelle évangélisation, il faut absolument en tenir compte. Autrement, l'évangélisation se transforme en colonisation. À Rome, le pape François ne manque pas d'occasion pour valoriser les cultures présentes dans la ville éternelle lors de grandes célébrations liturgiques, comme Noël, Pâques, etc.

Somme toute, à travers le pontificat de Jean-Paul II et de François, l'inculturation n'est plus mise à l'index; elle n'est plus vue comme une menace de la foi chrétienne, mais bien comme une chance pour faire entrer l'évangile dans les cultures des peuples. Elle fait partie des efforts de l'évangélisation, mieux elle est une évangélisation. Raison pour laquelle, ces dernières années les pontifes romains ont soutenu et promu les tentatives d'inculturation à travers les célébrations des synodes et la publication des documents officiels pour en souligner l'importance[116].

Toutefois, ce soutien du magistère ne doit pas être abusé. Le magistère a toujours voulu et veut une inculturation de la liturgie qui se fait en suivant certains critères[117], étant donné que le processus d'inculturation est une grande entreprise; il exige un effort méthodique, comme nous l'avons déjà souligné dans l'introduction[118].

---

[115] Cfr J-P Kalongisa Munina (2021) *Le baptême face aux nouvelles formes des déviations Une approche mystagogique*, CS, Paris, 243.

[116] Cfr CCDDS (1994) *Varietates legitimae…* ; CCDDS (2004) *Redemptionis sacramentum. Instruction sur certaines choses à observer et à éviter concernant la très sainte eucharistie*, Libreria editrice vaticana, Cité du Vatican.

[117] «Nous avons plaidé, nous plaidons et nous continuerons de plaider contre une inculturation sans critères» F Card. Arinze (2009) 214. Ces critères, d'après le préfet de la Congrégation pour le culte divin et la discipline des sacrement, sont d'ordre biblique, historique, cultuel, liturgique, hiérarchique, théologique, culturel, méthodologique et anthropologique. Cfr F Card. Arinze (2009) *Critères et directives de l'inculturation de la liturgie…*, 214, note 40.

[118] CCDDS (1994) n. 5.

Les appels incessants des papes, pour reprendre la méthode mystagogique dans la transmission de la foi, entrent dans cette optique. En effet, comme explication des rites et symboles des sacrements, en particulier, des sacrements de l'initiation chrétienne, la méthode mystagogique est vivement recommandée par le magistère de l'Église dans la liturgie et dans la catéchèse.

Chapitre III. La mystagogie au service de l'inculturation

Dans l'œuvre d'évangélisation, l'Église est appelée à imiter le «mouvement dont le Christ lui-même, par son incarnation, s'est lié aux conditions sociales et culturelles déterminées des hommes avec lesquels il a vécu (*AG* 10). Cette première forme d'inculturation de la Parole de Dieu reste la forme archétypale de toute l'évangélisation de l'Église. L'inculturation ne peut être pensée comme une simple adaptation à une culture. Il s'agit plutôt d'un cheminement profond, global et progressif, qui consiste en une lente pénétration de l'Évangile au plus profond des personnes et des peuples[119].

Dans ce cheminement, la catéchèse est appelée à porter la force de l'Évangile au cœur de la culture et des cultures. Elle a une grande responsabilité dans le processus de l'inculturation de la foi. Comprendre la culture comme un lieu herméneutique de la foi offre à la catéchèse de plus grandes possibilités pour atteindre de manière significative ses objectifs d'éducation à la foi et dans la foi. La contribution spécifique de la catéchèse à l'évangélisation est la tentative d'entrer en relation avec le vécu des personnes, avec leurs modes de vie et leurs processus de croissance personnels et communautaires[120].

Dans cette optique, la mystagogie qui n'est plus considérée aujourd'hui comme une simple catéchèse sur les mystères, mais une méthode propre à la théologie liturgique, peut apporter une grande contribution à l'inculturation.

1. Du point de vue pédagogique

La mystagogie est considérée par certains théologiens comme une pédagogie pour éduquer aux gestes et symboles liturgiques. C'est le cas de Jean Daniélou. Pour cet héritier des Pères, la mystagogie est une pédagogie qui consiste à partir du geste posé au cours de la célébration du sacrement pour l'éclairer de sa vraie

---

[119] Cfr CPPNE (2020) *Directoire pour la catéchèse*, Bayard-Cerf-Mame, Paris, n.395.

[120] Cfr CPPNE (2020) *Directoire pour la catéchèse*, n. 396.

signification[121]. Cette pédagogie est active parce qu'elle fait d'abord vivre le rite, l'événement, pour l'expliquer ensuite[122].

Daniélou distingue ainsi dans la mystagogie des Pères deux grandes étapes: l'explication du symbolisme des rites et l'explication du symbolisme des Écritures. Le premier en constitue la trame, tandis que le second met en relation les événements de l'Ancien Testament avec les sacrements et leurs rites dont ils sont les figures[123].

En effet, le rite, vu seulement de l'extérieur, ne livre pas automatiquement la signification dont il est porteur. Cette signification doit être dévoilée, révélée, par la parole, par la catéchèse. Plus que tout, elle doit être crue. Toute la catéchèse mystagogique des Pères de l'Église se déroule sous forme d'un commentaire des rites sacramentels[124].

Mais ce symbolisme des rites va recevoir l'appui d'un autre symbolisme, que le néophyte ne connaît pas encore, celui des Écritures. À cette deuxième étape, l'effort du mystagogue consiste à déchiffrer les figures des sacrements contenues dans les saintes Écritures. Ces figures servent à illustrer le mystère chrétien. Leur signification est double: vérifier l'autorité des sacrements et dévoiler les dimensions réelles de l'acte du salut contenu dans le sacrement:

> «Les figures sacramentaires nous livrent beaucoup plus qu'une simple illustration (…). Elles permettent tout d'abord de vérifier l'autorité des sacrements en montrant qu'ils étaient annoncés par toute une histoire. Plus encore, elles sont destinées à dévoiler les dimensions réelles de l'acte de salut accompli dans les sacrements: ce que Dieu a fait jadis pour son peuple, il le fait encore aujourd'hui pour lui, par les sacrements»[125].

---

[121] Cfr J Daniélou, R Charlat du (1968) *La catéchèse aux premiers siècles*, Fayard-Mame, Paris, 183. Cfr J-P Kalongisa Munina (2016) 102-108.

[122] Cfr J Daniélou, R Charlat du (1968) 65.

[123] Cfr J Daniélou, R Charlat du (1968) 191; 209.

[124] Cfr J Daniélou, R Charlat (1968) 191.

[125] J Daniélou, R Charlat du (1968) 210.

2. Du point de vue existentiel

En dehors de deux étapes de la méthode mystagogique que nous venons d'expliquer, il en existe une dernière d'ordre pratique. Elle consiste à vivre les mystères qu'on a appris, observés et célébrés. C'est ainsi que chaque mystagogie se terminait par un appel et des encouragements d'ordre existentiel, mêlés à des actions de grâce[126]. Il ne s'agit donc pas d'expliquer les rites pour eux-mêmes, mais d'en tirer les leçons pour la vie chrétienne.

Ne faudra-t-il pas en faire autant pour l'inculturation? En effet, l'inculturation de la liturgie n'est pas une question théorique ou spéculative. Mais plutôt une question pratique et existentielle, parce que la liturgie elle-même, ne relève pas de la connaissance logique (logos), mais symbolique et poétique ou "factive"; elle est de l'ordre du faire et non du connaître. Son rôle est de nous ouvrir aux réalités divines à partir des réalités sensibles:

> «On l'oublie trop souvent, la liturgie est de l'ordre du faire (ἔργον) non du connaître (λόγος). La connaissance logique ne peut avoir sur elle qu'une très faible prise»[127].

Ainsi décrite, la méthode mystagogique peut être mise au service de l'inculturation de la liturgie en Afrique comme c'est le cas dans d'autres Églises d'Occident et d'Orient[128]. À en croire Daniélou, le développement de la mystagogie, au IVe siècle, était dû à l'importance qu'avait le baptême des adultes. Mais nous nous trouvons aujourd'hui devant la nécessité de restituer à cette formation liturgique doctrinale une place qu'elle avait perdue[129].

---

[126] Cfr G Pinckers (1989) *Le temps de la mystagogie* in Gélineau J [éd] (1989) *Dans vos assemblées*, Desclée, Paris, 296.

[127] I H Dalmais (1958) Initiation à la liturgie, Desclée, Paris, 89. Cfr J-P Kalongisa Munina (2016) 126.

[128128] Cfr CPPNE (2020) *Directoire pour la catéchèse*, Bayard-Cerf-Mame, Paris, nn. 394-400.

[129] Cfr J Daniélou (1964) *Histoire du salut et formation liturgique* in «LMD» 78, 22.

Le quatrième siècle en effet, courrait le même risque que nous aujourd'hui : celui de ne voir dans les rites que des gestes incompréhensibles, inclinant à la magie ou au scepticisme[130]. Avec la mystagogie, il s'agit de projeter le maximum de lumière et de sens sur les gestes, rites, et objets qui se présentent à des esprits mal préparés[131].

Si les rites déjà connus demandent un maximum de lumière pour leur compréhension, à plus forte raison les rites non connus, les rites à peine inculturés ou à inculturer? Les rites, écrit, G Pinckers, sont des réalités cachées toujours à découvrir; ils ne constituent pas des activités immédiatement évidentes; ils recèlent un sens caché, qui demeure voilé pour le non-initié, mais offre une richesse vitale et permanente à celui qui y est introduit. Les rites sont le lieu expressif où est proposé au croyant l'entrée dans le dessein caché de Dieu pour le monde, c'est-à-dire son mystère. Ils expriment plus qu'eux-mêmes, mais ce sens caché, qui les rapporte au Dieu de l'Alliance et singulièrement au Christ Jésus, ne peut être atteint que par la foi et grâce à l'initiation ou l'illumination. C'est la mystagogie[132].

Dans l'inculturation des rites liturgiques, il faut donc tenir compte de la mystagogie; elle est une sorte d'illumination. Comme pédagogie active, elle procède par observation: l'observation des rites et des gestes, l'observation de toute la célébration liturgique pour en donner la signification après. Chez les Pères de l'Église en effet, la catéchèse mystagogique se faisait après la célébration des sacrements de l'initiation chrétienne, c'est-à-dire après que les néophytes aient observé tous les rites sacramentaires. Car les Pères étaient convaincus qu'on croit beaucoup plus facilement ce qu'on voit que ce qu'on entend:

«Je désirais depuis longtemps, enfants authentiques et tant désirés de l'Église, vous entretenir de ces spirituels et célestes mystères. Mais parce que je savais fort bien qu'on se fie beaucoup mieux à la vue qu'à l'ouïe, j'attendais l'occasion présente, afin de vous trouver, après cette grande soirée, plus à

---

[130] Cfr J Daniélou (1951) 7.

[131] Cfr J Daniélou, R Charlat (1968) 184.

[132] Cfr G Pinckers (1989) 294.

même de saisir ce qu'on vous dit, et vous conduire par la main dans la prairie lumineuse et embaumée de ce paradis»[133].

L'observation des faits matériels (des rites) conduit ainsi à la compréhension profonde des réalités invisibles[134]. Après l'observation des rites venait ensuite leur explication. Celle-ci servait à enlever le voile du doute créé par l'observation comme dans le cas de Naman le syrien. Bien qu'il ait été purifié, il douta tout d'abord[135].

En Afrique, la plupart des gestes et symboles inculturés ou à inculturer sont des réalités ordinaires de tous les jours, connues de tous et vues par tous. Une fois inculturés, ces réalités prennent une signification spirituelle qu'il faut décortiquer. Ce sera le rôle de la mystagogie de dévoiler ce sens caché, ce sens spirituel. Avec la mystagogie, on passera de la connaissance ordinaire à la connaissance spirituelle. Faute de la mystagogie, le geste ou le rite inculturé restera tel quel aux yeux de beaucoup de fidèles.

Le lieu privilégié où faire la mystagogie est la liturgie. D'après Dalmais, la mystagogie est une entrée dans les mystères par voie de la liturgie. En d'autres termes, c'est par le biais de la liturgie qu'on est introduit profondément dans les mystères contenus dans les rites:

«La liturgie constitue une "catéchèse mystagogique", c'est-à-dire une exposition de la foi ecclésiale, non en des interprétations conceptuelles, mais en des "symboles" qui mettent en jeu les médiations sensibles les plus diverses: verbales, mélodiques, gestuelles, figuratives, architectoniques, susceptibles d'introduire à une expérience de ce que le discours rationnel ne saurait convenablement exprimer, si indispensable qu'il soit par ailleurs pour argumenter à l'encontre de formulations dans

---

[133] Cyrille de Jérusalem, *Catecheses mystagogicae*, XIX, 1 (PG 33, 1065a-1067a), Sch 126 bis (2009) 82-84. Cfr J P Kalongisa Munina (2016) 104.

[134] S'adressant aux néophytes au cours d'une catéchèse mystagogique, Ambroise s'exprime en ces termes: «Tu es entré, tu as vu de l'eau, tu as vu l'évêque, tu as vu le lévite. Je crains que quelqu'un n'ait dit peut-être: c'est tout? (...) Tu as vu ce que tu as pu voir avec des yeux du corps et avec des regards humains; tu as vu non ce que cela produit mais ce qui se voit. Ce qu'on ne voit pas est bien plus grand que ce qu'on voit, parce que ce qu'on voit est temporel, mais ce qu'on ne voit pas éternel» Ambroise de Milan, *De Sacramentis*, I, 10, Sch 25 bis (1994) 65-67.

[135] Cfr Ambroise de Milan, *De Sacramentis*, I, 9, Sch 25 bis (1994) 65.

lesquelles l'Église ne reconnaîtrait la juste expression (orthodoxie) du message du salut tel qu'elle considère l'avoir reçu de la tradition apostolique»[136].

Pour le spécialiste des religions et liturgies orientales, la fonction propre de la liturgie n'est pas celle d'enseigner, mais de faire vivre le mystère du salut. Pour ce faire, la liturgie doit être une sorte de catéchèse qui vise non seulement à transmettre une doctrine exacte, mais une catéchèse qui introduit dans une foi vive[137].

C'est l'expérience vécue dans les Églises orientales. En Orient, la catéchèse mystagogique est enracinée dans l'expérience liturgique[138]. Elle a contribué et contribue encore à entretenir la permanence d'une foi vécue dans une communion ecclésiale proclamée et célébrée, et cela de génération en génération[139]. En tant que telle, elle est avant tout la participation de tout l'être humain au mystère: corps, âme et esprit; elle introduit dans le mystère, non par un langage verbal, mais en tant que poétique. Le langage verbal fait allusion à la catéchèse notionnelle. Celle-ci marque un aspect didactique, comporte un enseignement et une explication. Or, ce n'est pas de cette manière que la liturgie introduit à une entrée dans le mystère par mode de communion, de participation, consciemment vécue, en cela même qu'il comporte d'inexprimable. Elle ne saurait se satisfaire du langage verbal, si important soit-il. Tandis que le langage poétique fait penser à la puissance de suggestion. De cette manière, la liturgie appelle la modulation de la parole, par le rythme et par la mélodie qui accentue ce pouvoir suggestif. D'où l'importance des hymnes dans la liturgie. À travers elles, on fait véhiculer toute une catéchèse, toute une doctrine, comme c'est le cas dans les liturgies orientales[140].

---

[136] I H Dalmais (1979) *La liturgie, lieu privilégié de la catéchèse dans les traditions de l'Orient syrien* in «LMD» 140, 63.

[137] Cfr I H Dalmais (1983) *Théologie de la célébration* in A G Martimort et AA (2983) *L'Église en prière. I. Principes de la liturgie*, 285.

[138] CPPNE (2020) *Directoire pour la catéchèse*, Bayard-Cerf-Mame, Paris, n. 291.

[139] Cfr I H Dalmais (1979) *La liturgie, lieu privilégié…*, 56.

[140] Cfr I H Dalmais (1979) 58-59. Cfr J-P Kalongisa Munina (2016) 160-161.

C'est d'une telle catéchèse mystagogique, au cours d'une célébration liturgique, dans des communautés de base et dans des différents groupes, dont l'Afrique a besoin pour rendre l'inculturation de la liturgie accessible à tout le monde, même aux communs des mortels. Sans remettre en question l'efficacité des autres méthodes, si elles existent, la méthode mystagogique me semble plus simple et mieux adaptée à la culture africaine, riche en symboles; riche aussi en proverbes, contes et dictons, réalités qui peuvent contribuer dans l'explication et dans la compréhension des mystères célébrés[141]. L'Afrique est le berceau de *La Mystagogie*[142] ; la terre d'Afrique a inspiré saint Maxime le Confesseur dans son Commentaire de la liturgie, lequel est devenu le plus important de tous les commentaires de la liturgie byzantine. Pourquoi aujourd'hui ne peut-elle pas se servir de la mystagogie pour développer sa liturgie?

Un regard critique aux liturgies orientales nous permet de voir comment elles ont pu intégrer la catéchèse mystagogique dans la liturgie pour introduire les fidèles dans l'intelligence des mystères célébrés. Ces liturgies plus proches de nous, du point de vue culturel[143] et cultuel[144], offrent un exemple d'une inculturation de la liturgie qui, en dépit de la diversité des rites, conserve la catholicité ecclésiale[145].

---

[141] Cfr F Kabasele Lumbala (2005) *Renouer avec ses racines. Chemins d'inculturation*, Karthala, Paris,240-249.

[142] C'est un traité de saint Maxime le Confesseur consacré aux commentaires de la liturgie. C'est le premier en date et, par plusieurs aspects également en importance, des commentaires de la liturgie byzantine que l'histoire nous ait conservés. Dans ce traité, saint Maxime se propose de nous montrer de quoi les cérémonies de la synaxe, célébrée dans la sainte Église, sont les symboles. Chronologiquement, la *Mystagogie* se place aux environs de 623-630. Maxime était alors en route vers l'Afrique ou il venait tout juste de se fixer. Le fait qu'il a dédié son Commentaire de la liturgie à Théocharistos est un argument en faveur de l'Afrique comme berceau de la mystagogie. En effet, on peut identifier, avec une certaine probabilité, ce Théocharistos, que Maxime honore du titre d'«ami cher entre tous», avec le bienfaiteur du même nom dont il est question dans l'Épitre 44 (hiver 642). Dans cette lettre, Maxime recommande à Jean le Chambellan l'«illoustrios seigneur Théocharistos» et le gouverneur d'Afrique, Georges, relevé de ses fonctions par l'autorité centrale: l'un et l'autre sont charitablement venus en aide au moine en exil. On comprend qu'en retour l'ancien secrétaire impérial ait employé son influence à la cour pour y recommander ses deux bienfaiteurs et on devine la raison pour laquelle il a dédié à Théocharistos l'un de ses premiers écrits. Cet hommage suggère donc que l'Afrique est le berceau de la Mystagogie. Cfr R Bornert (1966) *Les commentaires byzantins de la divine liturgie. Du VIIe au XVe siècles*, Paris, 83-86.

[143] Cfr F Kabasele Lumbala (2005) 226-233.

3. L'expérience des liturgies orientales

Les liturgies orientales constituent un exemple d'inculturation de la liturgie pour une double raison: d'abord, parce qu'elles sont profondément enracinées dans les cultures locales, ce qui explique la diversité des rites dans les Églises d'Orient:

> «La célébration liturgique s'est développée à travers les siècles avec des formes étroitement liées aux milieux culturels différents; la liturgie reflète fortement l'environnement culturel, théologique et même ethnique de différentes communautés chrétiennes; la liturgie manifeste et célèbre ainsi la foi de chaque église chrétienne. C'est dans ce sens que les liturgies des Églises d'Orient sont appelées «rites». Cette dénomination est valide dans la mesure où elle fait référence à tout un ensemble théologique, liturgique, spirituel et culturel qui est vécu dans une Église spécifique et concrète. On parle ainsi du «rite» byzantin, syrien, arménien, latin etc. comme réalité théologique, liturgique et culturel d'une Église»[146].

Une longue histoire, une communauté de destin dans des conditions très particulières, souvent difficiles et parfois héroïques, ont modelé le visage des Églises d'Orient. La liturgie n'est que l'expression la plus haute et la plus parfaite sous laquelle se révèle ce visage et, au travers de lui, l'âme de ces Églises. On ne peut l'isoler ni l'arracher de son cadre vivant. La liturgie est l'expression sacrale d'une communauté humaine au moment où le Christ lui donne de s'associer à l'action sacerdotale par laquelle il fait passer avec lui l'humanité jusqu'au Père. Mais cette humanité n'est pas la juxtaposition d'individus désincarnés; elle se constitue de ces communautés humaines qu'a rassemblées un destin commun. Elle assume, pour la transfigurer, cette communauté qui, en retour, se verra modelée par une spiritualité, une théologie, des usages juridiquement sanctionnés[147].

Selon Dalmais, les Églises orientales, qui ont mieux gardé vivantes leurs traditions séculaires ont, aujourd'hui, beaucoup à nous apprendre. Elles n'ont pas, jusqu'ici, éprouvé l'urgente nécessité de transformations radicales. Les conditions d'existence qui ont été dans le passé et qui sont présentement imposées à nombre

---

[144] Cfr I H Dalmais (1980) *Liturgies d'Orient*, Cerf, Paris, 2009, 61.

[145] Cfr I H Dalmais (1980) *Liturgies d'Orient…*, 32.

[146] M Nin (2017) *Introduzione alle liturgie orientali*, EDUSC, Roma, 11-12.

[147] Cfr I H Dalmais (1980) 35-36.

d'entre elles expliquent pour une part cette réserve, voire ces réticences. Vivant en un milieu étranger et parfois hostile à leur foi, isolés les unes des autres et de l'Occident par la distance et plus encore par une absence de compréhension ou même des méfiances entretenues et avivées par les ingérences politiques, elles n'en ont été que plus vigilantes à garder fidèlement la tradition des Pères sanctionnée par les grands conciles véritablement œcuméniques, c'est-à-dire au sein desquels se rencontraient les formes diverses de la commune Tradition apostolique. La liturgie, expression solennelle et communautaire de la foi dans une langue et une culture par lesquelles s'affirme la cohésion d'un peuple, a été et demeure le moyen privilégié, parfois le seul possible, pour sauvegarder la communion dans la foi et l'héritage reçu des ancêtres[148].

Les Églises orientales, dans la vision de Dalmais, non seulement ont à apprendre aux Églises d'Europe, mais elles sont également un signe pour les jeunes Églises d'Afrique et d'Asie:

> «Toute grande culture humaine se trouve invitée à s'épanouir et à se dépasser en une liturgie, en des institutions et en des modes d'existence chrétiennes, expressions particulières de la foi commune. Si l'Occident tout entier s'est laissé modeler par la latinité romaine, nuancée seulement par les tempéraments particuliers, les Églises orientales, héritières et témoins toujours vivants de grandes cultures, sont un signe pour les jeunes Églises d'Afrique et d'Asie que nous voyons naître aujourd'hui»[149].

Par rapport à la liturgie romaine[150], les liturgies orientales ont leur propre génie[151]. Ce sont des liturgies caractérisées par la longueur et la complexité des

---

[148] Cfr I H Dalmais (1980) 8-9.

[149] I H Dalmais (1980) 36.

[150] La liturgie romaine se place sous le signe de la sobriété et de la simplicité. Les cérémonies riches de rites symboliques et complexes lui sont venues de l'extérieur, des pays francs notamment. Ainsi de la procession des Rameaux, de la bénédiction du feu en la nuit pascale, des rites complexes de l'Ordination ou de la Dédicace des Églises. Or plusieurs d'entre eux trouvent leur origine première en Syrie et à Jérusalem d'où ils ont été rapportés en Gaule et en Espagne. D'autres se sont introduits d'abord dans la liturgie papale à l'époque où celle-ci s'inspirait du cérémonial somptueux du Sacré Palais impérial de Constantinople. Cfr I H Dalmais (1980) *Les liturgies d'Orient*, 62. On peut dire, sans toutefois se tromper, que la liturgie romaine est une liturgie déjà inculturée. Cfr CCDDS (1994) n. 17.

[151] Cfr CPPNE (2020) *Directoire pour la catéchèse* (Préface de Mgr Vincent Jordy), Bayard-Cerf-Mame, Paris, n. 290.

cérémonies. Mais aussi par l'atmosphère sacrale dans laquelle elles se déroulent. Caractère sacral qui se concilie avec un aspect populaire, familier. Le peuple est à tout moment sollicité de prendre part active à la célébration. Les diacres réveillent l'attention défaillante, indiquent les attitudes à prendre, invitent à la prière et dirigent les acclamations[152].

À cela s'ajoute la solennité de la célébration, toujours chantée; l'existence d'une cloison, couverte ou non d'icônes, ou tout au moins, chez les Arméniens, d'un voile isolant l'autel des fidèles. D'autres rites sont propres à certaines Églises, ainsi chez les Byzantins la solennelle procession des oblats au chant du *Cherubikon*[153].

Toutefois, ces traits communs se nuancent selon les civilisations et les liturgies qui sont nées en chacune. Il y a des liturgies de la parole, et des liturgies du rite, des liturgies qui s'ouvrent largement aux modes les plus divers de l'expression des sentiments et d'autres qui veulent avant tout favoriser l'intériorité, des liturgies qui soulignent la transcendance et le mystère et d'autres qui s'attachent à l'économie miséricordieuse d'un Dieu ami des hommes[154]. Bref, sont des liturgies qui reflètent la culture d'un peuple, des liturgies liées au terroir.

Si, au premier regard, la liturgie romaine apparaît comme aristocratique[155] ou cléricale. Il n'en est pas ainsi pour les liturgies orientales. La plupart d'entre elles ont pris leur forme définitive à partir des célébrations des petites villes, des bourgs et des villages, sous l'influence de moines qui, en Orient, n'ont jamais cessé de rester en communion étroite avec le petit peuple d'où ils étaient pour la plupart issus. Moines souvent illettrés, laïcs peu portés à raffiner sur les rubriques[156].

---

[152] Cfr I H Dalmais (1980) 61-62.

[153] Cfr I H Dalmais (1980) 37.

[154] Cfr I H Dalmais (1980) 63.

[155] Non qu'elle exclue délibérément aucun membre de la communauté, mais parce que, selon Dalmais, elle ne tient pas aussi largement compte de la fonction sacerdotale de tout le peuple chrétien. Cfr I H Dalmais (1980) 62.

[156] Cfr I H Dalmais (1980) 62.

À la manière des liturgies orientales, certaines liturgies africaines présentent aussi leur génie. C'est le cas de la liturgie congolaise. Certains auteurs et professeurs n'hésitent pas de faire une comparaison entre les liturgies orientales et le rite congolais de la messe, en ce qui concerne particulièrement la longueur et la complexité de la célébration; le rôle que joue les diacres dans les liturgies orientales est celui que jouent les commentateurs et les agents de l'ordre dans le rite zaïrois de la messe (éveiller l'attention des fidèles) ; le rite de la paix du rite congolais vient avant l'offertoire à la manière du baiser de la paix dans la liturgie orientale; la prière eucharistique congolaise est inspirée de l'anaphore de saint Basile[157].

En ce qui concerne, par exemple, les hymnes liturgiques, les liturgies africaines sont plus proches de liturgies orientales. La célébration est toujours une solennité emmaillée des chants. Les compositions, généralement faites par les séminaristes, les prêtres et les théologiens, ou par des chrétiens instruits, s'inspirent de récits bibliques. Elles véhiculent un message à la manière des homélies rythmées et chantées, *kontákia* de Romanos le Mélode ou *memro* de saint Ephrem[158].

En effet, à la différence de ce qu'il en est, depuis l'origine, en Occident, et plus spécialement dans la tradition romaine, en Orient les strophes poétiques chantées sur des mélodies le plus souvent syllabiques, fortement rythmées et faciles à mémoriser, constituent comme des icônes, une part essentielle de toute célébration liturgique et non pas un élément secondaire et quelque peu adventice. Ces compositions, nourries de réminiscences et d'allusions bibliques, évoquent pour la plupart l'un ou l'autre des aspects de l'économie du salut et des étapes de sa manifestation. Elles s'intègrent ainsi immédiatement dans une perspective mystagogique[159].

---

[157] Cfr C Giraudo (2000) «*In unum corpus*». *Trattato mistagogico sull'eucaristia*, San Paolo, Roma, 2001.

[158] Cfr J-P Kalongisa Munina (2016) 169-175.

[159] Cfr I H Dalmais (1979) 61-62.

En Afrique et en RD Congo, il existe déjà beaucoup de ces compositions en langues locales. C'est un effort qu'il faut encourager et soutenir. Ces compositions doivent faire partie du répertoire liturgique. Elles doivent être mises par écrits par des spécialistes en musique avec des notes musicales pour les générations à venir. C'est tout un héritage qu'il faut conserver, comme les orientaux ont pu conserver les hymnes de saint Ephrem et de Romanos le Mélode. Un héritage à partager avec d'autres peuples et d'autres cultures. Dans l'esprit de cette recherche, nous invitons les compositeurs à insérer, dans leurs compositions, l'interprétation des rites inculturés pour aider les fidèles à en saisir directement la portée à travers le chant. Ces compositions doivent être une sorte de catéchèse chantée à la manière des catéchèses de saint Ephrem:

> «Les compositions d'Ephrem et de ses imitateurs (…) ne sont pas seulement tissues de réminiscences scripturaires. Elles proposent une ample catéchèse qui explicite et interprète les données de la foi chrétienne, reçue de la tradition apostolique, en référence continuelle aux figures de l'ancienne Alliance et aux récits évangéliques (…). On ne saurait exagérer le rôle de cette catéchèse scripturaire qui a, au cours des siècles, modelé la foi des chrétiens en nourrissant leur imaginaire (…). La foi s'y ressource dans l'histoire, par des histoires»[160].

Outre l'enracinement dans les cultures locales, les liturgies orientales constituent un exemple d'inculturation du point de vue méthodologique. Ces liturgies se sont laissées modelées par la méthodologie des Pères de l'Église, la mystagogie:

> «Il convient de rappeler qu'en Orient, comme il est également recommandé aujourd'hui dans l'Église occidentale, la catéchèse ne peut être dissociée de la liturgie, car elle s'en inspire, comme le mystère du Christ célébré *in actu*. Telle est la méthode adoptée par de nombreux Pères de l'Église dans la formation des fidèles. Elle s'exprime en catéchèse pour les catéchumènes et en mystagogie ou en catéchèse mystagogique pour les initiés aux Mystères divins. De cette manière, les fidèles sont continuellement guidés vers la joyeuse redécouverte de la Parole et de la mort et de la résurrection de leur Seigneur auquel l'Esprit du Père les a introduits. De la compréhension de ce qu'ils vont célébrer et de la pleine assimilation de ce qu'ils ont célébré, ils tirent un projet de vie: la mystagogie est donc

---

[160] I H Dalmais (1981) *Quelques traits caractéristiques des liturgies syriennes* in Triacca A M, Pistoia A [éd.] (1981) *La liturgie: son sens, son esprit, sa méthode. Liturgie et théologie* (Conférences saint-Serge) Edizioni liturgiche, 69.

le contenu de leur existence rachetée et sanctifiée et sur le chemin de la divinisation et, en tant que telle, elle est le fondement de la spiritualité et de la morale»[161].

Voilà pourquoi ces liturgies sont toutes mystagogiques. En effet, pour les Pères du IV-V siècles et pour les diverses Églises orientales, la liturgie est le lieu par excellence de la mystagogie, c'est-à-dire du parcours qui introduit au mystère de l'amour de Dieu manifesté en Jésus-Christ. Les catéchèses mystagogiques des Pères comme les homélies et les traités, sont des textes qui sont nés autour des sacrements, et donc dans la liturgie; la liturgie est le lieu où les Pères, dans des catéchèses, transmettent aux chrétiens leur foi à travers l'explication du symbole et les enseigne à prier avec le commentaire de Notre Père. Ces catéchèses sont faites dans un cadre liturgique et se réfèrent, non pas à quelque chose d'abstrait, mais à quelque chose de concret qui est en train de se réaliser dans la communauté[162].

Si la période patristique, comme nous l'avons dit ci-haut, nous a laissés des catéchèses, destinées à l'instruction des catéchumènes et des néophytes, à l'aube de l'ère byzantine et médiévale, on assiste, dans l'Église d'Orient comme dans l'Église d'Occident, à l'éclosion d'un nouveau genre littéraire: le commentaire mystagogique[163].

À la différence de la catéchèse mystagogique, le commentaire mystagogique ne se limite pas aux sacrements de l'initiation chrétienne; mais il s'étend aux rites les plus variés, comme l'ordination sacerdotale ou la consécration d'une église. Ses destinataires ne sont plus des néophytes, mais des clercs et des prêtres, des fidèles surtout. Le commentaire se propose d'éduquer les premiers à l'accomplissement correct des fonctions qu'ils sont appelés à remplir; aux seconds il veut donner l'intelligence des mystères auxquels ils sont invités à prendre part[164].

---

[161] CPPNE (2020) *Directoire pour la catéchèse*, n. 291.

[162] Cfr M Nin (2017) *Introduzione alle liturgie orientali*, EDUSC, Roma, 19.

[163] Cfr R Bornert (1966) *Les commentaires byzantins de la divine liturgie du VII au XVe siècle*, Cerf, Paris, 30.

[164] Cfr R Bornert (1966) 30-31.

Comme on peut le voir, la finalité de ce nouveau genre littéraire est la formation permanente des fidèles chrétiens à la compréhension des mystères célébrés. Cette recherche de méthode en vue d'éduquer les ministres et les fidèles aux rites liturgiques constitue un exemple à imiter. Pour être ce qu'elles sont aujourd'hui, c'est-à-dire liturgies belles, intenses, profondes, soignées, les liturgies orientales ont procédé méthodiquement. Dans les liturgies orientales, le centre n'est pas le ministre, mais l'autel. Et tout le monde le sait y compris les simples fidèles parce qu'instruits. Si nous voulons que nos liturgies soient vraiment chrétiennes et vraiment africaines, la recherche de méthode doit être parmi les priorités de l'inculturation de la liturgie en Afrique. Autrement, l'inculturation restera une affaire des experts. Jusqu'ici, elle l'est en partie. Ceci signifie que quelque chose n'a pas fonctionné au niveau de la méthodologie. Quelle est la méthode suivie pour faire connaître l'inculturation de la liturgie en Afrique? Existe-t-il vraiment une méthode? En quoi consiste-t-elle? Autant de questions qui nous poussent à regarder à ce que les autres liturgies et religions ont fait pour l'avènement d'une inculturation qui perdure et qui implique toutes les couches de l'Église.

En Orient quand on emploie le mot mystagogie, c'est pour désigner la liturgie. Pensons à la *Mystagogie* de saint Maxime le Confesseur qui n'est rien d'autre que l'explication de la divine liturgie aux moines[165]. Pensons aussi à l'*Explication de la divine liturgie* de Nicolas Cabasillas, etc. Mystagogie et liturgie se confondent. Il n'y a pas de liturgie sans mystagogie et pas de mystagogie en dehors de la liturgie. La liturgie est la corniche où les Pères ont construit la chaire mystagogique[166].

Le terme «mystagogie» qui a donné son nom à la méthode liturgique signifie étymologiquement, tenir par la main pour introduire dans les mystères célébrés. Dans la mystagogie, il s'agit de tenir par main les néophytes et les fidèles chrétiens pour les introduire dans les mystères dont seul le mystagogue (l'évêque ou le prêtre) a l'expérience. Seul celui qui a été initié, c'est-à-dire le mystagogue, peut, à son tour,

---

[165] Cfr R Bornert (1966) *Les commentaires byzantins de la divine liturgie du VII au XVe siècles*, Cerf, Paris, 123-124.
[166] Cfr M Nin (2017) 21.

initier les autres[167]. Dans cette perspective, les ministres ordonnés sont des mystagogues qui doivent introduire les fidèles dans l'intelligence des mystères célébrés[168].

En conclusion, l'enracinement dans les cultures locales et le recours à la méthode mystagogique, voilà les deux raisons principales qui nous poussent à proposer les liturgies orientales comme modèle d'inspiration pour une inculturation de la liturgie. Ceci ne signifie pas, cependant, le rejet de la liturgie romaine ni non plus le mépris envers celle-ci. La liturgie romaine, elle-même, fruit d'une inculturation[169], reste une référence pour l'unité de l'Église universelle[170] et pour la régulation de toute forme d'inculturation[171].

---

[167] Cfr J-P Kalongisa Munina (2016) 19-20.

[168] G Boselli (2011) *Il senso spirituale de la liturgia*, Qiqajon, Bose, 145-146. Cfr J-P Kalongisa (2016) 146-149.

[169] *VL*, 17.

[170] Cfr *Varietates legitimae*, 2. Cfr F Card. Arinze (2009) *Critères et directives de l'inculturation de la liturgie...*, 200.

[171] Cfr F Card. Arinze (2009) *Critères et directives de l'inculturation de la liturgie...*, 208-209.

Chapitre IV. Le magistère et la reprise de la mystagogie

1. Les appels des papes

Depuis la réforme liturgique, les pontifes romains ont toujours rappelé la nécessité de reprendre la méthode mystagogique comme clé de compréhension de la liturgie chrétienne[172]. Sans employer explicitement le terme mystagogie, le pape Paul VI la considérait comme voie d'évangélisation[173]. Dans le document final du Synode extraordinaire des évêques de 1985, les Pères synodaux ont plaidé pour la reprise de la méthode mystagogique:

> «Qu'on ne se contente pas d'éliminer les abus en matière de liturgie, mais qu'on explique avec clarté les fondements théologiques de la discipline sacramentelle et liturgique. Que la catéchèse soit mystagogique, c'est-à-dire qu'elle ouvre un chemin par lequel les chrétiens aient accès à la vie liturgique dans sa dimension profonde»[174].

Dans sa lettre encyclique *Mane nobiscum Domine*, le pape Jean-Paul II a demandé aux pasteurs de s'engager dans la voie de la catéchèse mystagogique, chère aux Pères de l'Église[175]. Les *Lineamenti* de la onzième Assemblée générale ordinaire du Synode des évêques sur le thème de l'eucharistie: source et sommet de la vie et de la mission de l'Église, ont consacré tout le chapitre cinq à la mystagogie eucharistique pour la nouvelle évangélisation, en réservant tout un paragraphe sur la mystagogie aujourd'hui[176].

---

[172] Cfr J-P Kalongisa Munina (2021) *La mystagogie, clé d'interprétation de la liturgie chrétienne. De Pères de l'Église à nos jours*, CS, Paris.

[173] Cfr Paul VI (1975) *Evangelii nuntiandi. Exhortation apostolique sur l'évangélisation dans le monde moderne*, Pierre TÉQUI, Paris, nn. 40, 44, 47.

[174] G Danneels (1986) *Le synode extraordinaire de 1985* in «NRT» T. 108, 170.

[175] Cfr Jean-Paul II (2005) *Mane nobiscum Domini. Lettre apostolique pour l'année de l'eucharistie*, Libreria editrice vaticana, Città del Vaticano, 17.

[176] Cfr Synode des évêques (2005) XI Assemblée générale ordinaire. *L'eucharistie: source et sommet de la vie et de la mission de l'Église*, n. 64.

Dans *Sacramentum caritatis*, le pape Benoit XVI a mis en relation la mystagogie avec l'*actuosa participatio*, pour favoriser une participation plus intérieure, de la part des fidèles chrétiens, aux saints mystères[177]. Son successeur, le pape François, considère la mystagogie comme un instrument pédagogique pour une évangélisation en profondeur[178].

Comme clé d'interprétation de la liturgie chrétienne, la méthode mystagogique a été abondamment utilisée dans le *Catéchisme de l'Église Catholique* pour faciliter la compréhension des sacrements. Dans l'introduction à la deuxième partie dédiée à la «célébration du mystère chrétien», la catéchèse liturgique est définie comme mystagogique parce qu'elle introduit dans le mystère du Christ, elle procède du visible à l'invisible, du signifiant au signifié, des sacrements aux mystères[179].

Toujours dans le *CEC*, il faut remarquer l'application de la méthode mystagogique au sacrement du baptême. Les paragraphes 1217-1222 donnent les figures du baptême[180]. Tandis que les paragraphes 1234-1245 sont regroupés sous le titre très significatif de la mystagogie de la célébration. Il est question, dans ces paragraphes, de l'explication des rites du baptême dont le signe de la croix, la proclamation de la parole de Dieu, l'exorcisme, l'onction prebaptismale, la profession de la foi, l'eau baptismale, le rite proprement dit, l'onction avec le saint chrême, le vêtement blanc et la bougie. Les paragraphes 1262-1271 offrent la signification théologique du sacrement à travers ses effets. Et les paragraphes 1272-1274 soulignent le caractère indélébile du sacrement.

---

[177] Cfr Benoit XVI (2007) *Sacramentum caritatis. Exhortation apostolique post-synodale sur l'eucharistie: source et sommet de la vie et de la mission de l'Église*, Libreria editrice vaticana, Città del Vaticano, n. 64.

[178] Cfr François (2013) *Evangelii gaudium. Exhortation apostolique sur l'annonce de l'évangile dans le monde d'aujourd'hui*, Libreria editrice vaticana, Città del Vaticano, n. 166.

[179] Cfr *CEC*, 1075.

[180] Cfr J-P Kalongisa Munina (2021) *Le baptême face aux nouvelles formes des déviations. Une approche mystagogique*, CS, Paris.

Dans la présentation des autres sacrements, sans pour autant parler explicitement de la mystagogie, on s'est servi de la méthode mystagogique pour les expliquer. Pour chaque sacrement, on évoque ses figures dans l'Ancien Testament, on explique ses rites et on en donne la signification théologique[181].

2. Les Rituels liturgiques

Comme clé d'interprétation de la liturgie chrétienne, la méthode mystagogique a été beaucoup employée dans les rituels liturgiques approuvés par le magistère de l'Église. C'est là qu'elle se trouve codifiée. Dans les rituels liturgiques en effet, on voit, de façon manifeste, comment la méthode mystagogique a été appliquée à l'interprétation des rites, prières, symboles et gestes liturgiques[182].

Depuis la réforme liturgique, la plupart des livres liturgiques, Missels[183], Lectionnaires[184] et Rituels portent l'empreinte de cette méthode. Notre étude dans *La mystagogie, clé d'interprétation de la liturgie chrétienne…*le prouve à suffisance. Dans ce livre, nous avons analysé, du point de vue mystagogique, les prières de bénédiction de l'eau baptismale, la prière de consécration du chrême dans sa seconde formule, et la préface de l'eucharistie II. Ces prières présentent une structure mystagogique qui permet d'en comprendre le sens mieux la théologie[185].

---

[181]Cfr J-P Kalongisa Munina (2021) *La mystagogie, clé d'interprétation de la liturgie chrétienne. De Pères de l'Église à nos jours*, CS, Paris.

[182] Cfr J-P Kalongisa Munina (2021) *La mystagogie, Clé d'interprétation de la liturgie chrétienne…*,130-144.

[183] Cfr Enzo Lodi (1992) *La mystagogie des textes du Missel Romain d'après ses sources* in Triacca A.M, Pitoia A [éd] (1992) *Mystagogie : pensée liturgique d'aujourd'hui et liturgie ancienne* (Conférences saint-Serge, Edizioni liturgiche, Roma, 163-186.

[184] La présentation des lectures dans les Lectionnaires suit la méthode typologique : le thème de la première lecture correspond, généralement, au thème de l'évangile. En termes techniques, la première lecture présente le type (AT) et l'Evangile l'antitype ; la première lecture présente la figure ou la préfiguration (AT) et l'Évangile la réalité ou l'accomplissement dans le Christ (NT). Cfr CBP (1994) *L'interprétation de la Bible…*, 110.

[185] Cfr J-P Kalongisa Munina (2021) *La mystagogie, clé d'interprétation de la liturgie…*,131-143.

À titre illustratif, la prière de bénédiction de l'eau[186], commence par faire mémoire (anamnèse) de grandes figures/préfigurations du baptême dès l'introduction: l'eau de la création, le Déluge, la Traversée de la Mer Rouge et la Traversée du Jourdain. Dans toutes ces figures, l'eau, matière du sacrement du baptême, reste l'élément dominant. Comme créature de Dieu, l'eau était préparée par Lui, à travers les temps, pour être symbole du baptême[187].

Dans l'interprétation des figures, la prière précise que l'eau de la création est source de vie et de fécondité. Les saintes Écritures la considèrent comme couvée du Saint-Esprit (*CEC* 1218) qui lui donne la force de sanctifier: *Dès les commencements, ton Esprit planait sur les eaux, pour qu'elles reçoivent en germe la force de sanctifier*. L'eau du Déluge signe la fin du péché, du mal et le début d'une vie nouvelle. L'eau de la Mer Rouge est symbole de libération de l'esclavage du péché. Les Israélites qui ont traversé la Mer Rouge sont considérés, dans la prière, comme image du nouveau peuple des baptisés, qui sont les chrétiens. Enfin, les eaux du Jourdain, consacrées par le baptême de Jésus, sont l'image mieux la figure des eaux baptismales. Le sang et l'eau coulés du côté ouvert de Jésus, sont les figures du sacrement du baptême et de l'eucharistie[188].

---

[186] «Dieu, dont la puissance invisible accomplit des merveilles par les sacrements, tu as voulu, au cours des temps, que l'eau, ta créature, révèle ce que serait la grâce du baptême. Dès le commencement du monde, c'est ton Esprit qui planait sur les eaux, pour qu'elles reçoivent en germe la force de sanctifier. Par les flots du déluge, tu annonçais le baptême qui fait renaître, puisque l'eau y préfigurait à la fois la fin de tout péché et le début de toute justice. Aux enfants d'Abraham, tu as fait passer la mer Rouge à pied sec, pour que le peuple d'Israël, libéré de la servitude, préfigure le peuple des baptisés. Ton Fils bien aimé, baptisé par Jean dans les eaux du Jourdain, consacré par l'onction de ton Esprit, suspendu au bois de la croix, laissa couler de son côté ouvert du sang et de l'eau ; et quand il fut ressuscité, il dit à ses disciples : allez, enseignez toutes les nations, et baptisez-les au nom du Père, et du Fils, et du Saint-Esprit ». Maintenant, Seigneur notre Dieu, regarde avec amour ton Église et fais jaillir en elle la source du baptême. Que cette eau reçoive de l'Esprit Saint la grâce de ton Fils unique, afin que l'homme, créé à ta ressemblance et lavé par le baptême des souillures qui déforment cette image, puisse renaître de l'eau et de l'Esprit pour la vie nouvelle d'enfant de Dieu. Nous t'en prions, Seigneur notre Dieu : par la grâce de ton Fils, que vienne sur cette eau la puissance de l'Esprit Saint, afin que tout homme qui sera baptisé, enseveli dans la mort avec le Christ, ressuscite avec le Christ pour la vie, car il est vivant pour les siècles des siècles. Amen» *MR fr*, Veillée pascale : bénédiction de l'eau baptismale.

[187] Cfr J-P Kalongisa Munina (2021) *La Mystagogie, clé d'interprétation de la liturgie…*,132-134.

[188] Cfr J-P Kalongisa Munina (2021) *La mystagogie, clé d'interprétation de la liturgie chrétienne…*, 143.

Le rite mentionné et expliqué dans la prière, est celui principal : l'eau + la formule trinitaire. L'eau est symbole de vie et de fécondité, symbole de purification. Cette explication est liée à la figure du baptême comme nouvelle naissance, libération, destruction du péché, entrée dans le paradis etc.. Tandis que la formule : *baptiser au nom du Père et du Fils et du Saint-Esprit*, souligne le caractère trinitaire du baptême[189].

De l'interprétation de ces figures et du rite principal, il résulte que le baptême est un sacrement de la nouvelle naissance, il lave du péché et donne naissance à de nouvelles créatures; sacrement de la libération, il rend libre et libéré de la servitude du péché; il est une purification; le don du Saint-Esprit; il unit à la mort et à la résurrection du Christ[190].

Ce dernier aspect fait l'objet de l'épiclèse: *nous t'en prions, Seigneur notre Dieu: par la grâce de ton Fils, que vienne sur cette eau la puissance de l'Esprit Saint afin que tout homme qui sera baptisé, enseveli dans la mort avec le Christ, ressuscite avec le Christ pour la vie, car il est vivant pour les siècles des siècles*[191].

La prière souligne également le rôle maternel de l'Église[192]. C'est elle qui engendre les fils dans le baptême, dont le baptistère représente le sein maternel, l'utérus. L'Église est considérée comme source du baptême: *regarde avec amour ton Église et fais jaillir en elle la source du baptême*[193].

Comme on peut le noter, à elle seule, cette prière contient toute la théologie du sacrement. Pleine de références scripturaires, elle en est une interprétation que l'Église, à travers la célébration du sacrement, propose aux fidèles réunis pour la circonstance:

---

[189] Le baptême au nom de la Trinité est l'essence de la formule. Cfr J M Huels (2007) *Liturgie et droit. Le droit liturgique dans le système du droit canonique de l'Église catholique*, Wilson & Lafleur, 211.

[190] Cfr J-P Kalongisa Munina (2021) *La mystagogie, clé d'interprétation de la liturgie chrétienne…*, 133-134.

[191] Ibidem.

[192] Une doctrine déjà présente chez les Pères de l'Église des premiers siècles. Cfr J-P Kalongisa (2021) *Le baptême face aux nouvelles formes des déviations…*, 249.

[193] Cfr J-P Kalongisa Munina (2021) *La mystagogie, clé d'interprétation de la liturgie chrétienne…*, 134.

«La prière de bénédiction de l'eau est une bénédiction anamnestique qui rappelle, dans un langage de louange et d'action de grâce, les œuvres divines du salut qui ont culminé dans la résurrection de Jésus. La formule évoque trois faits de l'histoire biblique antécédents à Jésus, avec une interprétation typologique en relation avec le baptême chrétien. Le premier est une action de l'Esprit de Dieu sur le chaos initial (Cfr *Gn* 1, 2: les eaux primordiales d'où émerge le cosmos, pour inculquer l'idée que l'eau contient la force de sanctifier. La deuxième intervention de Dieu au temps de Noé, pour détruire avec les eaux du déluge un monde pécheur et sauver la famille du juste (Cfr *Gn* 6-9), est interprétée dans le sens sotériologique: l'eau signe la fin du péché et le début d'une vie nouvelle. Le troisième événement du passage de la Mer Rouge, pour la libération de l'esclavage et l'entrée dans la terre promise, devient l'image du futur peuple des baptisés. Cette grande bénédiction, qui prend la forme d'une anamnèse et en même temps d'une épiclèse sur l'eau, peut devenir une piste d'une homélie orientée à faire comprendre la continuité de l'action de Dieu à travers cette histoire du salut qui se conclut dans le baptême du Christ dans les eaux du Jourdain»[194].

Il en est de même de la prière de consécration du saint chrême. Sa structure est mystagogique: l'évocation des figures/préfigurations de la confirmation dans l'AT, les commentaires des rites et la théologie du sacrement[195]. La préface de l'eucharistie (II) n'échappe pas à la règle. Sa forme est mystagogique mais avec cette particularité: elle n'évoque pas directement les figures/préfigurations de l'eucharistie de l'Ancien Testament, mais l'original, c'est-à-dire la première cène, la vérité. Elle décrit les effets de l'eucharistie à travers le rite de la communion et souligne l'aspect eschatologique du sacrement[196]. Mais ce n'est pas ici le lieu de les approfondir. Le lecteur trouvera une étude détaillée dans notre livre déjà cité, *La mystagogie, clé d'interprétation de la liturgie chrétienne*. Notre objectif, en rappelant ces données, est de montrer comment la méthode mystagogique trouve sa juste application mieux sa codification dans les rituels liturgiques.

En guise de conclusion, le magistère à travers ses divers documents et les rituels liturgiques, soutient et encourage l'usage de la méthode mystagogique dans l'interprétation de la liturgie chrétienne. Grâce à ses techniques, issues de l'exégèse

---

[194] E Lodi (2013) *Battesimo* in M Sodi, A Triacca [a cura di] (2013) *Dizionario di omiletica*, Elledici-Velar, Bergamo, 176. Texte traduit de l'italien en français par nous).

[195] Cfr J-P Kalongisa Munina (2021) *La mystagogie, clé d'interprétation de la liturgie...*, 136-140

[196] Cfr J-P Kalongisa Munina (2021) *La mystagogie, clé d'interprétation de la liturgie...*, 141-144.

juive et typologique, cette méthode aide à comprendre une liturgie toute imbibée de saintes Écritures[197].

Vu son efficacité, et considérant toutes les difficultés rencontrées jusqu'ici dans le processus d'inculturation, nous la proposons comme nouvelle perspective pour une inculturation en profondeur de la liturgie africaine. L'inculturation est, désormais, un patrimoine de l'Église. Elle n'est pas le privilège de certains spécialistes en théologie, mais l'affaire de tout le monde chrétien[198]. Elle n'appartient pas uniquement à une Église particulière, mais à l'Église universelle[199]. En tant que telle, elle a besoin d'autres approches pour son approfondissement. Dans un contexte du pluralisme théologique et d'interdisciplinarité, l'inculturation de la liturgie peut faire l'objet de la mystagogie, de l'herméneutique, pourquoi pas de la critériologie:

> «La redécouverte du sens et de la nature propre de la liturgie chrétienne permettent au théologien de mieux comprendre comment il doit l'interroger. Toute une méthodologie, une herméneutique, et même une critériologie sont à élaborer[200].

Comme méthode, la mystagogie est aujourd'hui considérée comme une herméneutique liturgique, parce qu'elle ouvre le champ à l'acte mystérique qui, de par sa nature, ne saurait faire l'objet ni d'une explication ni d'une explicitation; mais d'une interprétation qui en souligne les temps forts; elle dévoile le sens des rites, gestes et symboles liturgiques et l'actualise au monde des auditeurs[201]. Dans le même ordre d'idées, elle est conçue comme une vraie théologie liturgique, une façon de faire la théologie propre à la liturgie[202]. Nous l'avons dit, pour les Pères et pour Daniélou, la mystagogie c'est toute une pédagogie liturgique pour introduire les fidèles dans la compréhension des mystères liturgiques. À ce triple titre

---

[197] Cfr J-P Kalongisa Munina (2021) *La mystagogie, clé d'interprétation de la liturgie chrétienne…*, 15.

[198] Cfr CTI (1988) *Foi et Inculturation*, n. 2.

[199] *Varietates legitimae*, nn. 6-7, 49.

[200] I H Dalmais (1964) *La liturgie comme lieu théologique* in «LMD» 78, 98.

[201] Cfr J-P Kalongisa Munina (2016) *La mystagogie comme pédagogie et herméneutique liturgique*, …21, 247-254.

[202] Cfr J-P- Kalongisa Munina (2021) *La mystagogie, clé d'interprétation de la liturgie chrétienne. De Pères de l'Église à nos jours*, CS, Paris.

(herméneutique, théologie, pédagogie), elle constitue un outil très important pour une inculturation en profondeur de la liturgie.

Toutefois, il ne s'agit pas d'appliquer littéralement et aveuglement la méthode mystagogique à l'inculturation de la liturgie, comme ont fait certains théologiens africains, dans d'autres disciplines, il y a quelques années[203]. Il s'agit plutôt de s'en inspirer pour une interprétation correcte des rites liturgiques inculturés ou à inculturer comme ont fait les Pères de l'Église dans l'annonce de l'évangile aux autres cultures, et comme le fait le magistère aujourd'hui, par le biais de la Congrégation pour le culte divin et la discipline de sacrements[204]. Si elle a servi aux Pères, si le magistère plaide pour sa reprise, pourquoi ne peut-elle pas contribuer au développement de l'inculturation de la liturgie en Afrique et en RD. Congo?

La mystagogie n'est pas une notion abstraite qu'on peut facilement manipuler. C'est une méthode de travail et de recherche, reconnue comme patrimoine de l'Église universelle, nous légué par les Pères dans la foi, à la manière de la méthode historique, structurale, exégétique pour la Bible. Il convient de l'apprendre, de la connaître et de s'en approprier pour une étude approfondie de l'inculturation de

---

[203] Avec raison, l'abbé François Kabasele déplore ce type de méthodologie qu'il considère comme une panne pour la théologie africaine : « Un des buts du journal *Entre-nous*…était d'initier les prêtres à la théologie africaine, de les entrainer à "théologiser" comme africains. Il y était consacré une rubrique «Études et Réflexion ». Mais les rares contributions dans ce domaine se limitaient à des commentaires sur des livres théologiques ou à des réflexions sur le développement. Pendant longtemps, des Africains se sont d'abord employés à justifier la pluralité en théologie chrétienne, en particulier en faisant ressortir sa dimension d'herméneutique interprétative. Puis ils se sont mis à interpréter pour eux-mêmes les différentes notions de la foi chrétienne : l'Église (« ecclésiologie africaine »), le Christ (« christologie africaine »), le mystère pascal et le culte chrétien (« symbolisme africain de la liturgie chrétienne »), « théologie au village », « théologie sous l'arbre » (…). Cependant, quelque féconde que soit cette méthode de la foi qui cherche à comprendre (*fides quaerens intellectum*), selon les langages et lieux que le croyant occupe, elle lie la pensée théologique à un cadre judéo-chrétien qui, par le fait même, limite ses visées et horizons » F Kabasele Lumbala (2005) *Renouer avec ses racines…*, 66-67.

[204] Les rituels liturgiques issus de la réforme liturgique et publiés avec l'accord du magistère contiennent déjà une liturgie interprétée grâce à la méthode mystagogique. Cfr J-P Kalongisa Munina (2021) *La mystagogie, clé d'interprétation de la liturgie chrétienne. De Pères de l'Église à nos jours*, CS, Paris, 145.

la liturgie en Afrique. Car, les limites de l'inculturation en Afrique, sont, entre autres, le manque d'approfondissement[205] et de méthodologie.

Chaque liturgie est une célébration de la parole de Dieu. Chaque liturgie est imbibée de saintes Écritures. La liturgie africaine ne fait pas exception à cette norme. Elle n'est pas enfermée dans un ghetto. C'est une liturgie ouverte au monde biblique. La compréhension d'une telle liturgie requiert l'usage d'une méthode inspirée de la Bible. Raison pour laquelle nous plaidons pour l'emploi de la méthode mystagogique dans l'approfondissement de la liturgie africaine toute émaillée d'images et symboles bibliques.

Certes, la liturgie africaine ne puise pas son symbolisme uniquement dans l'univers biblique, mais aussi dans la culture africaine. Elle est une liturgie inculturée. Même à ce niveau, l'apport de la méthode mystagogique s'avère indispensable. Elle aide à trouver des correspondants et des fondements bibliques des explications à donner aux rites, symboles et gestes, pris dans une culture, pour en faire des véhicules des réalités spirituelles.

Une dernière raison qui milite en faveur de la reprise de la méthode mystagogique dans le processus de l'inculturation de la liturgie en Afrique, est la similitude des contextes et de vision entre le monde biblique et l'univers africain. En ces dernières décennies, les efforts de certains liturgistes et biblistes africains consistent à faire ressortir ce qu'il y a de commun entre ces deux traditions[206]. Cette

---

[205] Cfr F Kabasele Lumbala (2005) *Renouer avec ses racines…*, 21.

[206] La littérature est abondante à ce sujet: F Kabasele Lumbala (2005) *Renouer avec ses racines. Chemins d'inculturation*, Karthala, Paris, 222-233 ; Mveng E, Werblowskh R.J.Z [éd.] (1972) *L'Afrique noire et la Bible*, The Israël Interfaith Committee ; Fourche T.A et Morlighem H.D (2002) *Une bible noire (Cosmogonie bantu)*, 2ᵉ éd., Les deux Océans, Paris ; *Christianisme et identité africaine* (Actes du premier Congrès des biblistes africains), Kinshasa, 1980 ; Effa G.P et Attias G., (2003) *Le juif et l'Africain. Double offrande*, éd. Du Rocher ; Effa G.P. et Chouraqui A, (2003) *Le livre de l'Alliance*, Bibliophane-Daniel Radford ; Pacouta P (1996) *Lettres aux Églises d'Afrique*, Karthala, Paris ; Pacouta P (2002) *Lectures africaines de la Bible*, Presses de l'UCAC, Yaoundé ; Nare L (1986) *Proverbes salomoniens et proverbes mossi. Étude comparative à partir d'une nouvelle analyse de Pro 25-29*, Francfort, Berne, New York, Peter Lang ; *Femmes bibliques vues d'Afrique* in Cahiers Évangile (Dossier) 176 (2016) ; Ngengi Mundele A (2016) *Anne et la femme traditionnelle africaine* (1S 1-2) in Cahiers Évangile 176 (2016) 13-23 ; Fabien P (2016) *Les*

tendance nous pousse aussi à proposer une méthodologie issue de l'exégèse biblique pour l'approfondissement et le développement d'une liturgie inculturée en Afrique et en RD Congo.

femmes au tombeau : chemin inattendu pour l'Afrique (Mc 16, 1-8) in Cahiers Évangile 176 (2016) 40-46 ; Ahoua R (2016) *La médiation de la mère de Jésus* (Jn 2, 1-12) in Cahiers Évangile 176 (2016) 48-57.

Chapitre V. L'inculturation, un acquis pour l'Église du Congo

À l'état actuel des choses, la RD Congo n'a pas besoin de changements précipités ni non plus d'innovation en matière d'inculturation liturgique. L'inculturation de la liturgie existe déjà. C'est un acquis[207]. La mission de l'Église qui est en RD Congo consiste à approfondir et à faire croître cette inculturation, comme nous sommes en train de le faire dans cette recherche. Il s'agit d'exploiter, de développer et de faire connaître la forme d'inculturation déjà existant pour une évangélisation en profondeur à l'horizon 2030.

Si la traduction de la Bible, ou du moins des textes liturgiques utilisés dans la liturgie, est nécessairement le premier moment d'un processus d'inculturation liturgique[208], on peut dire, avec des textes à l'appui, que l'inculturation en RD Congo est aussi vieille que l'évangélisation.

1. L'histoire est témoin

Dans un article publié très récemment, dans la *Revue de pastorale liturgique*[209] consacrée à la nouvelle édition du Missel romain: *Inculturazione e Messale*, Claudio Ubaldo Cortoni soutient que l'inculturation du Royaume du Congo est parmi les plus vieilles au monde. Son influence s'est étendue en Europe (précisément au Portugal) et en Amérique (Brésil et Pérou)[210].

Selon Claudio Ubaldo, l'évangélisation promue par les jésuites en Asie, Afrique et aux Amériques a produit une rencontre entre les contenus de la foi chrétienne et les formes du culte traditionnel, qui ont marqué l'histoire de l'église missionnaire, en dépit des oppositions internes et des débats avec les milieux (entourages) romains. Ce fut Paul V le premier à encourager l'œuvre des jésuites en 1615, quand peu après la

---

[207] Cfr F Kabasele Lumbala (2005) *Renouer avec ses racines. Chemins d'inculturation*, Karthala, Paris, 9.

[208] Cfr *Varietates legitimae*, nn. 28; 53, *SC*, 35, 36 § 2, 3, 4; 54; 63; *Can* 825 §1.

[209] Le titre original est en italien : *Rivista di pastorale liturgica* 341, Luglio-Agosto 4/2020, pp. 8-12.

[210] Cfr C U Cortoni (2020) *Modelli di inculturazione liturgica: la lezione della storia* in «RPL», N. 341/ 4 (2020) 8-12.

mort de Matteo Ricci, il donna son accord pour l'usage du chinois littéraire comme langue liturgique et pour la traduction des saintes Écritures, et entre 1616 et 1618 soutint Roberto De Nobili en Inde, dans ce cas, pour limiter l'influence du Portugal dans ce territoire. L'approche missionnaire adoptée par Matteo Ricci ne concerne pas la traduction seulement comme acte linguistique, mais représente une tentative de transmettre la doctrine chrétienne à travers le respect partiel des formes rituelles préexistantes, comme appris de son maître et Visiteur général de la Compagnie dans les missions dans les Indes Orientales, Alessandro Valignano, pionnier au Japon des premières approches interculturelles avec son *Ceremoniale per i missionnari in Giappone* (*Cérémonial pour les missionnaires au Japon*)[211].

La même approche missionnaire eût lieu en Afrique pour l'évangélisation du royaume du Congo, débutée bien avant que soit fondée la Compagnie (1491-1704). Le résultat de cette particulière expérience missionnaire qui, immédiatement a vu sa forme d'inculturation, fut l'impression de la *Doutrina Christaã* du jésuite Marcos Jorge, rehaussé par le père Ignacio Martinz et de nouveau traduit dans la langue du royaume du Congo par Mateus Cardoso, imprimée à Lisbonne en 1624. Il s'agit du *Catéchisme kikongo* qui contient les principes fondamentaux de la foi chrétienne, certaines prières de dévotion mariale et une entière instruction sur la célébration de la messe[212].

---

[211] Cfr C U Cortoni (2020) 9.

[212] Cfr F Bontinck – N Nsasi (éd.) *Le catéchisme kikongo de 1624. Réédition critique*, in *Koninklijke Academie voor Overzeese Wetenschappen Klasse voor Morele en Politieke Wetenschappen*, N.R., XLIV-5 (1973) 55-260. 273-274; J.K. Thornton, *The Development of an African Catholic Church in the Kingdom of Kongo 1491-1750*, in *Journal of Africa History* 25 (1984) 147-167. Pour l'histoire de l'impression du *Catéchisme Kikongo* lire avec intérêt ce titre brillant de K Bostoen – I Brinkman (éd.), *The Kongo Kingdom. The Origins, Dynamics and Cosmopolitan Culture of an African Polity*, Cambridge University Press, Cambridge 2018, 220-229. Toutes ces références sont citées par Claudio Ubaldo Cortoni dans *Modelli di inculturazione liturgica: la lezione della storia* in *Rivista di pastorale liturgica*, 341 Luglio-Agosto 4/ 2020, 10.

Mais le *Catéchisme kikongo* eut aussi un autre destin lié à la traite atlantique des esclaves noirs. Ainsi en 1624 il s'est propagé au Brésil, et en 1629, une traduction kikongo-castigliano est adoptée pour l'évangélisation de la population africaine réduite en esclavage dans les possessions espagnoles (Pérou)[213].

Cet éloquent témoignage de Claudio suffit pour nous faire comprendre que l'inculturation de la liturgie en RD Congo n'est pas le fruit d'un hasard ou d'une précipitation, comme d'aucuns peuvent le penser. Mais elle est le fruit d'une préparation qui a commencé avec les premiers missionnaires qui ont évangélisé le pays. Et elle a été ensuite poursuivie et systématisée par les fils du pays. Elle est donc aussi vieille que l'évangélisation du pays.

Après la traduction, la deuxième étape de l'inculturation de la liturgie, est l'adaptation[214]. Et même à ce niveau, la RD. Congo a déjà franchi l'étape. Selon le même Claudio Ubaldo et d'après les textes de Annibale Bugnigni[215], l'alors secrétaire de la Commission pour la liturgie de la réforme liturgique du Concile vatican II, le projet des Anaphores Africaines remonte en 1968 et les protagonistes en sont le Cardinal Malula et le pères Luykx.

Pour un intérêt direct de Paul VI, il a été présenté au *Consilium ad exsequendam Constitutionem de Sacra Liturgia*, un projet pour les anaphores africaines, introduites par une présentation pastorale en cinq point[216]. Les deux représentants de l'Afrique à

---

[213] C Ubaldo Cortoni (2020) *Modelli di inculturazione liturgica: la lezione della storia…*, 10.

[214] Cfr Card. F Arinze (2009) 205.

[215] *Anaphore africaine. Présentation pastorale*; A Bugnigni, Lettera per la creazione di un apposito gruppo di periti per le Anafore Africane 14-10-1968; ASC, Fondo Vagaggini, cass. 29, ins.1. Sur ce thème Cfr B Luykx, *Adaptation de la liturgie en pays de mission*, in *Rythmes du monde: bulletin des missions* 34/1 (1960) 3-13 cité par C Ubaldo Cortoni (2020) *Modelli di inculturazione : la lezione della storia…*, 11.

[216] Dans le premier point, on fait noter que même si les prêtres et les fidèles sont contents du fait de pouvoir célébrer la partie principale de la liturgie chrétienne, c'est-à-dire, le canon, dans la langue vivante, à travers trois nouvelles anaphores qui permettent d'approfondir le mystère eucharistique et confèrent à la célébration une certaine variété, toutefois – lit-on – l'expérience dans les communautés a démontré que ces nouvelles anaphores, malgré leur qualité, ne plaisent pas tellement, leur structure étant quasi identique au premier canon, pour lequel l'effet psychologique de la variation est presque nul. Le deuxième point concerne la récupération de la structure de l'anaphore des Apôtres de l'église éthiopienne de laquelle nous devons seulement corriger – lit-on – certains éléments qui sont devenus très

la Commission préparatoire, Mgr Malula et P. Luykx,   avaient exprimé leur désaccord avec les appauvrissements gestuels, valides seulement pour l'Occident, demandant qu'on puisse trouver seulement la voie pour adapter la façon occidentale de célébrer aux exigences pastorales de l'Afrique[217].

Ceci signifie que, le *Missel romain pour le diocèses du Zaïre*, est un produit d'un long travail d'adaptation qui aboutira à la dernière étape, celle de l'inculturation proprement dite ou l'inculturation au sens strict, selon l'expression du Cardinal Francis Arinze[218].

En 1970, le Cardinal J.-A. Malula mis au point le projet «Rite congolais de la messe *cum popolo*». Ce rite avait comme caractéristiques la vénération de l'autel et une préface intégrant les assonances. Désigné communément comme le rite du Cardinal Malula, ce projet sera expérimenté dès 1970 à la paroisse saint Pierre. La Conférence épiscopale du Zaïre qui obtint de Rome le 22 juin 1970 l'autorisation de chercher un cadre zaïrois de la célébration de l'*Ordo Missae* confiera au père L. Mpongo, alors secrétaire de la Commission épiscopale de l'Évangélisation, la tâche

---

folkloriques pour restaurer la simplicité sans toucher la grandeur et la porter à la sensibilité africaine, comme le demande le concile. Voici ses qualités liturgiques: a) un langage plus directe et en même temps plus coloré et émouvant, plus proche au style des prières africaines; b) L'anaphore se présente comme une grande action dense de présence et a besoin de notre continuelle collaboration pour nourrir cette présence, une collaboration exprimée extérieurement; tout cela sous forme d'un dialogue dramatique, non seulement entre le célébrant principale et les fidèles, mais aussi entre son assistant (diacre ou concélébrant) et les fidèle. Le quatrième point explique cette demande de reformuler les nouvelles anaphores dans leur structure plutôt que dans leurs contenus: nier un rite dans lequel la participation de l'assemblée et des ministres forme un seul corps célébrant, à travers sa gestualité et une forme plus dialogique, signifierait abandonner le principe même d'une liturgie adaptée, d'une catéchèse et d'une pastorale adaptée, et cela serait contraire aux directives explicites du Concile et aux exigences plus profondes de l'Église du Congo. Cfr C Ubaldo Cortoni (2020) 11.

[217] Idem, 12.

[218] Cfr Card F Arinze (2009) 205

de rédiger le «projet-Messe congolaise». Celui-ci portait dans ses grandes lignes les avancées des recherches du père L. Mpongo[219].

Après de nombreux voyages qu'il fit à travers les six provinces ecclésiastiques du pays, le secrétaire de la Commission épiscopale de l'évangélisation prépara un troisième projet. Il s'agissait dès 1973 de la fusion des deux projets, à savoir le rite du Cardinal Malula et «Projet-Messe congolaise» en un nouveau projet: le «Rite zaïrois de la célébration eucharistique». Celui-ci, avec l'accord de la Congrégation pour le culte divin, fut expérimenté dès 1974[220].

La composition d'un paysage liturgique inculturée, spécifiquement zaïrois, et éminemment catholique avait ouvert la voie à un dialogue fructueux entre la Conférence épiscopale nationale du Zaïre et les autorités romaines. Ce dialogue inaugure l'étape de la consolidation qui couvre les années 1976 à 1988[221].

Le père L. Mpongo a joué un rôle important dans la maturation du projet chapeauté par la Conférence épiscopale nationale du Zaïre. Il prit part activement aux différents dialogues avec les instances romaines. La volonté de promouvoir une liturgie de la messe propre à l'Église particulière du Zaïre, en communion avec le Siège apostolique, aboutit le 30 avril 1988 au Décret promulguant le *Missel Romain pour les Diocèses du Zaïre*[222].

Depuis la promulgation du *Missel Romain pour les Diocèses du Zaïre* jusqu'à ce jour, l'inculturation de la liturgie en RD. Congo a connu de grands développements. D'après le bilan dressé par l'Abbé François Kabasele, le domaine de la liturgie est celui où l'inculturation a le plus porté des fruits. Le fruit le plus évident reste, sans doute, le Missel Romain pour les diocèses du Zaïre, avec l'invocation des ancêtres, la

---

[219] Cfr J Mwana-Kitata, I Ndongala Maduku (2021) *L'à-venir du «rite zaïrois de la messe». Trois décennies de pratique liturgique inculturée en RD Congo*. Hommage posthume au Révérend Père Laurent Mpongo, cicm. (Lettre d'appel à la contribution), inédite.

[220] Cfr J Mwana-Kitata, I Ndongala Maduku…Lettre d'appel à la contribution.

[221] Ibidem.

[222] Conférence épiscopale du Zaïre (1988) *Missel romain pour les diocèses du Zaïre*, Kinshasa, Éditions du secrétariat général. Cfr J B Likolo (2020) *Il Missel Romain per le diocesi dello Zaire (Congo)* in «RPL», 341, luglio-agosto 4, 22.

prière eucharistique de style oral, le décor africain et la danse. En plus, la place reconnue à l'iconographie chrétienne africaine dans les édifices cultuels africains; la beauté des ornements liturgiques africaines etc.[223].

À cette liste, il faut ajouter l'hymnographie, les chants et les poèmes religieux. L'inculturation de la liturgie a permis aux congolais d'étaler leurs talents comme compositeurs, chanteurs et poètes religieux. Elles sont innombrables les compositions en langues locales des hymnes, chants et poèmes etc. Comme nous l'avons dit, ci-haut, ce domaine doit faire l'objet d'attention et d'organisation parce que l'hymnographie, le chant et la poésie constituent une grande richesse d'un peuple. Il faudrait trouver une organisation pour protéger et conserver toutes ces compositions. Des répertoires diocésains, régionaux et même nationaux doivent faire l'objet d'étude et de systématisation.

En dehors des compositions liturgiques, il faut mentionner aussi l'insertion des proverbes, contes, symboles et rites africains dans la liturgie. Ces réalités font partie de l'héritage ancestrale; elles véhiculent une sagesse de haut niveau que le langage moderne ne saurait exprimer. Leur insertion dans la liturgie chrétienne a enrichi celle-ci et l'a rendue plus participative et active. En effet, depuis la promulgation du *Missel Romain pour les diocèses du Zaïre (Congo)*, les homélies et les différentes célébration des sacrements (baptême, ordination sacerdotale) et des sacramentaux (vœux des religieux et religieuses)[224], en RD. Congo, se sont enrichies d'un nouveau langage, un langage symbolique, fait des proverbes, des contes et des rites, un langage propre aux africains pour rendre compréhensif et accessible le message évangélique et le mystère célébré.

---

[223] Cfr F Kabasele Lumbala (2005) *Renouer avec ses racines. Chemins d'inculturation*, Karthala, Paris, 17-20.

[224] Cfr F Kabasele Lumbala (1994) *Alliances avec le Christ en Afrique. Inculturation des rites religieux au Zaïre.* Préface du Cardinal Malula, Karthala, Paris.

Avec toute cette richesse, les liturgies africaines ne sont pas seulement celles qui reçoivent, mais aussi celles qui donnent à l'Église universelle[225]. Les liturgies africaines, écrit l'Abbé François Kabasele, nous font revivre d'une manière intense le fait que la liturgie est une fête; en prenant beaucoup de temps, elles nous apprennent qu'il faut prendre du temps pour Dieu. Au lieu du principe capitaliste et matérialiste, selon lequel «le temps c'est l'argent», en Afrique noire, «le temps c'est la vie». Les liturgies africaines, continue l'Abbé François, nous rappellent qu'il faut lier les rites à la vie, à la nature environnante; elles nous apprennent à ne pas rester liés au livre, mais à lire la prière dans les méandres de la vie, sur le visage des fidèles dans l'assemblée (c'est l'aspect mystagogique). Les liturgies africaines nous rééduquent au langage symbolique, comme langage privilégié de la rencontre de l'homme avec l'Au-delà; elles nous apprennent à prier avec notre corps dans la danse et les gestes corporels; elles soulignent le sens communautaire qui est déjà une des grandes caractéristiques de la liturgie chrétienne. Enfin, elles annoncent d'autres voies théologiques dans le christianisme[226].

Tout compte fait, l'inculturation de la liturgie en RD Congo, est un acquis. Toutefois, cet acquis a toujours besoin d'être enrichi et de croître. Raison pour laquelle l'apport de chacun est indispensable[227]. Dans cette phase du développement du rite congolais de la messe, notre souci est de voir tout le monde à l'œuvre: prêtres, consacrés, laïcs, tous au service de l'inculturation. Il est vrai que la tâche d'inculturer la liturgie incombe à l'autorité compétente: aux évêques diocésains, aux Conférences épiscopales et au saint siège[228]; mais il est aussi vrai que la mission de divulguer, d'expliquer l'inculturation, est la tâche de tout le peuple de Dieu. Tous les baptisés,

---

[225] Cfr P Clerck De (1995) *L'intelligence de la liturgie*, Cerf, Paris, 50; cfr *Osservatore Romano*, éd. française, 132, n. 135 (ven., 12 juin 1992), 1.

[226] Cfr F Kabasele Lumbala (2005) *Renouer avec ses racines…*, 119-121.

[227] «Il ne doit pas y avoir de changements précipités. Aucune innovation ne sera introduite à moins qu'un profit simple et certain en faveur de l'Église le requiert. Les nouvelles formes adoptées devront croître en quelque manière organiquement à partir des formes déjà existantes» Card. F Arinze (2009) *Critères et directives…*, 208.

[228] Cfr *VL*, 65-69; cfr Card. F Arinze (2009) 201-204.

rappelle le pape François, sont disciples missionnaires[229]. À ce titre, ils doivent connaître et faire connaître l'inculturation comme voie d'évangélisation:

«La formation vise tout d'abord à faire prendre conscience aux agents pastoraux, qu'ils sont, en tant que baptisés, de vrais disciples missionnaires, c'est-à-dire des sujets actifs d'évangélisation et, sur cette base, habilités par l'Église à communiquer l'Évangile et à accompagner et éduquer dans la foi»[230].

2. La mission des centres de pastorale catéchétique et / ou liturgique

Dans un processus d'inculturation de la liturgie, la mission des centres de pastorale catéchétique et / ou liturgique, se situe dans le prolongement de celle des commissions et des offices de liturgie[231]: aider l'évêque à promouvoir l'action pastorale liturgique, particulièrement par une formation en liturgie (*SC* 43-46); assister l'évêque de leurs conseils dans le gouvernement et la garde de la liturgie[232]. De son côté, l'Évêque doit profiter de l'aide des offices et commissions liturgiques pour soigner la formation des laïcs. Le *Directoire pour le ministère pastorale des évêques* est clair à ce sujet:

«L'Évêque saura profiter de l'aide des offices ou commissions diocésains de liturgie, de musique sacrée et d'art sacré, etc… qui offrent un soutien précieux pour promouvoir le culte divin, soigner la formation liturgique des fidèles et encourager chez les pasteurs d'âmes un intérêt prioritaire pour tout ce qui regarde la célébration de mystères divins»[233].

---

[229] Cfr *EG*, 119-121

[230] CPPNE (2020) n. 132.

[231] Parmi les organismes qui doivent aider l'évêque diocésain ou la conférence des évêques dans le gouvernement de la liturgie, le concile Vatican II cite la Commission liturgique (nationale, provinciale si possible, diocésaine), l'office de liturgie et les Commissions de musique sacrée et d'art sacré.(*SC* 44-46). La commission liturgique était destinée à être un organisme diocésain obligatoire; les commissions de musique sacrée et d'art sacré étaient hautement recommandées (*quantum fieri potest*), mais non obligatoires. Cfr J M Huels (2007) *Liturgie et droit. Le droit liturgique dans le système du droit canonique de l'Église catholique*, Wilson& Lafleur, 57. Les Centres de catéchèse et / ou liturgie font partie des offices de liturgie.

[232] Cfr J.M. Huels (2007) 57; Cfr CCDDS (2004) *Redemptionis sacramentum*. Instruction sur certaines choses à observer et à éviter concernant la très sainte eucharistie., Libreria editrice vaticana, Cité du Vatican, 25.

[233] Cfr *DMPE*, 145

Toutefois, il est important de noter que la formation ne va pas sans l'information. Dans un processus d'inculturation de la liturgie, les centres de pastorale catéchétique et / ou liturgique, auront comme première tâche de donner aux fidèles chrétiens une information nécessaire sur les rites inculturés et sur le fonctionnement de la liturgie.

a. *L'information*

Nous l'avons dit précédemment avec le cardinal Francis Arinze, l'inculturation n'est pas le produit de l'imagination fertile qui se crée samedi soir pour être étalée dimanche matin, sans que les chrétiens en soient informés. Les chrétiens ont le droit de connaître toutes les modifications des rites, toutes le nouveautés, tout changement survenu en liturgie et reconnu par le saint Siège pour ne pas être pris au dépourvu. Naturellement c'est le rôle de la Conférence des évêques d'informer les prêtres et les fidèles de tout changement:

> «La Conférence des Évêques prendra les mesures nécessaires pour donner l'information utile au chrétien fidèle, au clergé comme au laïc, si bien que les changements ne soient pas introduits de façon abrupte»[234].

Mais la Conférence des évêques exerce cette mission aussi par le biais de ses organismes compétents dont les Commissions liturgiques et les offices de liturgie. Il appartient donc aux centres de pastorale catéchétique et liturgique, en tant qu'offices de liturgie, de donner, en temps opportun, l'information utile reçu des évêques, aux fidèles chrétiens.

De cette façon, l'information contribue à la connaissance liturgique des fidèles. Elle prend une valeur didactique. Elle permet aux fidèles chrétiens, non seulement de mieux connaître la liturgie, mais aussi de voir son évolution. L'information, écrit l'Abbé François Muisanza Katewu, est l'action d'informer, de s'informer, de donner la connaissance d'un fait ou de la rechercher. L'information permet d'accroître le champ du savoir des acteurs appartenant à l'espace social. En diffusant le savoir,

---

[234] Cfr Card. F Arinze (2009) 211. Cfr *VL*, 32; 46; 69

l'information apprend[235]. Dès lors, le manque d'information, en matière de liturgie, engendre la désinformation avec toutes ses conséquences négatives[236]: le déviationnisme[237], le syncrétisme[238], l'inflation liturgique[239], etc.

Dans un siècle hautement technologique, l'information nécessaire, bien préparée et bien présentée, sur les rites liturgiques inculturés et sur les divers éléments de la célébration, porte au mystère du Christ, illumine la foi des fidèles chrétiens et nourrit leur vie spirituelle[240].

Toutefois, la seule information ne suffit pas; à l'information il faut ajouter une formation liturgique appropriée pour combattre l'ignorance en matière de liturgie et d'inculturation[241]. D'où la recommandation du concile Vatican II aux pasteurs d'âmes de poursuivre, avec zèle et patience, la formation liturgique de tous les fidèles chrétiens[242].

---

[235] Cfr F Muisanza Katewu (2017) *La désinformation et ses applications aux conflits internationaux via les médias. Comment une Afrique en quête de démocratie peut s'en protéger?* L'Harmattan, Paris, 24; 31.

[236] Aujourd'hui la désinformation est entendue comme un processus utilisable à tous les niveaux dans toutes les sphères de la communication. Elle consiste à présenter: - une information fausse comme vraie; - une partie d'information vraie comme une totalité indépendante et vraie pour elle-même; - une partie d'information fausse comme une totalité indépendante et vraie pour elle-même; - une information vraie comme fausse. Cfr F Muisanza Katewu (2017) *La désinformation et ses applications…*, 69-70.

[237] Le manque d'information utile porte au déviationnisme. Cfr J-P Kalongisa Munina (2021) *Le baptême face aux nouvelles formes des déviations. Une approche mystagogique*, CS, Paris.

[238] Cfr F Kabasele Lumbala (2005) *Renouer avec ses racines. Chemins d'inculturation*, Karthala, Paris, 190-194.

[239] Cfr A Essomba Fouda (2009) *La formation liturgique du peuple de Dieu* in CCDDS (2009) *Liturgie en Afrique et Madagascar…*, 149.

[240] Cfr A Essomba Fouda (2009) 166.

[241] Le manque de formation conduit à l'ignorance. Et en matière de liturgie, l'ignorance porte au manque de foi. Ce n'est pas une question des cérémonies, dit Baudoin. Car, le peuple, une fois perdu le sens de la célébration liturgique, a perdu aussi le sens du sacré, des dogmes, de la communion des saints etc. Cfr D L Beaudoin (1914) *La piété de l'Église. Principes et faits*, Bureau des Œuvres liturgiques, Mont-César, Louvain, 16-17.

[242] Cfr *SC* 19.

b. La formation

D'après le *Directoire pour la catéchèse*, la formation est un processus permanent qui, sous la conduite de l'Esprit et dans le sein vivant de la communauté chrétienne, aide le baptisé à *prendre forme*, c'est-à-dire à révéler son identité la plus profonde qui est celle d'enfant de Dieu dans une relation de profonde communion avec les autres. L'œuvre de formation agit comme une *transformation* de la personne, qui intériorise de manière existentielle le message évangélique, de sorte que celui-ci puisse être lumière et orientation pour sa vie et sa mission ecclésiales[243].

Dans le même ordre d'idées, et selon le même Directoire, la formation, qui fait également appel aux compétences humaines, est tout d'abord un savant travail d'ouverture à l'Esprit de Dieu qui, grâce à la disponibilité des sujets et à la préoccupation maternelle de la communauté, conforme les baptisés à Jésus-Christ, modelant dans leur cœur son visage de Fils (Cf. *Ga* 4, 19), envoyé par le Père pour annoncer le message du salut aux pauvres (Cf. *Lc* 4, 18)[244].

Sur le plan liturgique, et dans l'esprit du concile Vatican II, la formation concerne tous les fidèles chrétiens: évêques, prêtres et fidèles laïcs. Dans le cadre restreint de cette recherche, nous allons beaucoup nous étendre sur la formation liturgique des fidèles laïcs qui œuvrent dans les centres catéchétiques et / ou liturgiques.

De prime abord, il faut préciser que la formation des agents pastoraux et des laïcs dont il est question dans ce paragraphe ne se réduit pas uniquement à l'enseignement théorique ou livresque, si utile soit-il; mais elle s'étend à la célébration liturgique. En d'autres termes, le contexte fondamental de la formation liturgique des fidèles laïcs est la célébration elle-même durant laquelle se réalise la participation liturgique.

---

[243] Cfr CPPNE (2020) *Directoire pour la catéchèse*, Bayard-Cerf-Mame, n. 131.

[244] CPPNE (2020) *Directoire pour la catéchèse*, Bayard-Cerf-Mame, n.131.

Toutefois, ceci ne signifie pas l'instrumentalisation de la célébration, c'est-à-dire, la transformation de la célébration en des rencontres pédagogiques, fonctionnelles, avec une finalité qui n'est pas interne à la célébration elle-même[245]. Au contraire, il faut l'entendre au sens fort du terme et pour deux raisons: la première raison, c'est qu'on ne peut pas former à la liturgie sans l'expérimenter de l'intérieur, sans en vivre de l'intérieur. La célébration liturgique n'est pas une simple expression d'un mystère déjà connu; elle n'est pas non plus une simple exécution des gestes dont on connaît par avance la valeur et la signification, mais bien un nouveau événement et une expérience toujours renouvelée de la participation au mystère célébré *per ritus et preces*. C'est de cette façon qu'on acquiert une formation liturgique, non dans un entrainement après la célébration à la manière des militaires. On ne devient pas liturgiste avant ou en dehors de la célébration[246].

La deuxième raison est que c'est la liturgie elle-même qui donne la forme à la vie chrétienne des fidèles. Dans ce cas, être formé à la liturgie signifie en réalité apprendre à se laisser former par la liturgie et par le mystère qu'elle célèbre. Aucune compréhension de la liturgie écrite, aussi profonde soit-elle, ne peut dépasser la nécessité et la valeur de la liturgie en acte. Celle-ci en effet, relève d'un autre niveau; elle conduit à la maturité de l'identité chrétienne qui advient en participant à des célébrations[247].

Ayant la difficile mission de former les autres fidèles laïcs à la liturgie, les agents pastoraux qui travaillent dans des centres catéchétiques et / ou liturgiques, ont tout intérêt à participer régulièrement à des célébrations liturgiques pour se laisser former

---

[245] L Girardi (2006) *Riforma, formazione, rinnovamento. Note per una precisazione del concetto di formazione liturgica* in Grillo A [a cura] (2005) *Formazione liturgica*. Atti della XXXIII settimana di studio dell'Associazione professori di Liturgia. Camposampiero (Padova), 28 agosto – 2 settembre, Edizioni liturgiche, CLV, Roma, 41.

[246] Cfr J-P Kalongisa Munina (2016) 30.

[247] Cfr L Girardi (2006) 42.

et modeler par elles. En effet, la première et fondamentale école de la liturgie est la liturgie elle-même[248] :

> «De par sa nature, la liturgie a son efficacité pédagogique propre pour introduire les fidèles à la connaissance du mystère célébré. Toujours à ce sujet, dans la tradition la plus antique de l'Église, le chemin de formation du chrétien, sans négliger l'intelligence organique du contenu de la foi, comportait toujours un caractère d'initiation où la rencontre vivante et persuasive avec le Christ, annoncé par les témoins authentiques, était déterminante. En ce sens, celui qui introduit aux mystères est avant tout le témoin. Cette rencontre s'approfondit assurément dans la catéchèse et elle trouve sa source et son sommet dans la célébration de l'Eucharistie»[249].

En fait, la liturgie initie au mystère en célébrant le mystère. C'est pourquoi, pour les Pères de l'Église la célébration des mystères est toujours déjà une initiation aux mystères. Quand le mystère est célébré, il se révèle, il se dévoile, il se communique et se fait connaître[250].

À la formation interne à la liturgie et par la liturgie, il faut ajouter une formation mystagogique. À ce sujet, le pape Benoît XVI propose un itinéraire mystagogique dans lequel trois éléments doivent toujours être présents: l'interprétations des rites à la lumière des événements salvifiques[251]; l'introduction au sens des signes contenus dans les rites[252] ; et la signification des rites en relation avec la vie chrétienne[253].

---

[248] Cfr G Boselli (2011) *Il senso spirituale de la liturgia*, Qiqajon, Bosa, 135. Dans le même ordre d'idées, le pape Benoît XVI affirme que la meilleure catéchèse sur l'Eucharistie est l'Eucharistie elle-même bien célébrée. Cfr *SaC*, 64.

[249] *SaC*, 64.

[250] Cfr G Boselli (2011) *Il senso spirituale della liturgia...*, 16.

[251] La célébration de l'Eucharistie contient de continuelles références à l'histoire du salut. Depuis ses origines, la communauté chrétienne a lu les événements de la vie de Jésus, en particulier le mystère pascal, en relation avec toute l'histoire vétérotestamentaire. Cfr *SaC* 64. La tâche de la catéchèse mystagogique consiste à montrer le lien qui existe entre les rites et ces événements du salut en vue d'en saisir la portée. Cfr G Boselli (2011) 29. Il existe une relation entre le rite (liturgique) et l'événement du salut (décrit dans l'Écriture). Le rite est pour la liturgie ce que la lettre est pour les saintes Écritures, c'est-à-dire porteur de sens. C'est pourquoi la liturgie, à l'égale de l'Écriture, demande une intelligence spirituelle, une pénétration en profondeur. Cfr G Boselli (2011) 26.

[252] Ce devoir est particulièrement urgent à une époque fortement technicisée comme la nôtre, où il existe un risque de perdre la capacité de percevoir les signes et les symboles. Plutôt que d'informer, la catéchèse mystagogique devra réveiller et éduquer la sensibilité des agents pastoraux et des fidèles au langage des signes et des gestes qui, associés à la parole, constituent le rite. Cfr *SaC*, 64.

Les responsables des centres catéchétiques et les agents pastoraux dont la mission est de former les autres fidèles à la liturgie, sont tenus à connaître cet itinéraire mystagogique pour une formation plus pratique et existentielle au profit d'une formation purement théorique et spéculative. La formation mystagogique en effet, ne relève pas de la pure théorie, mais plutôt de la praxis.

la réflexion de J Hermans se situe dans cette ligne. Il considère l'éducation et la formation des consciences en matière liturgique comme une priorité. La science liturgique, dit-il, risque de s'isoler lorsque, prise d'une fringale de changements, elle en arrive à négliger les préalables, à savoir une mystagogie et l'éducation liturgique des fidèles. C'est là, pour la science liturgique, une priorité importante[254].

Pour accomplir une telle tâche éducative, au sein de nos communautés ecclésiales, la seule présence des agents pastoraux ne suffit pas, il faut disposer de formateurs préparés de manière appropriée. À ce sujet, le concile Vatican II considère, à juste titre, la formation liturgique des clercs comme point de départ indispensable pour promouvoir la formation des fidèles et leur participation active à la liturgie[255]. Car, si le clergé n'est pas bien formé la communauté chrétienne qui lui est confiée risque d'en pâtir à cause de l'idée fausse qu'elle a de la liturgie et qui peut aboutir au syncrétisme[256].

---

[253] La catéchèse mystagogique doit se préoccuper de montrer *la signification des rites en relation avec la vie chrétienne* dans toutes ses dimensions, travail et engagement, réflexion et sentiments, activité et repos. Mettre en évidence le lien des mystères célébrés dans le rite avec la responsabilité missionnaire des fidèles fait partie de l'itinéraire mystagogique. En ce sens, le résultat final de la mystagogie est la conscience que sa propre existence est progressivement transformée par la célébration des saints Mystères. De fait, le but de toute l'éducation chrétienne est de former le fidèle, comme «homme nouveau», à une foi adulte, qui le rend capable de témoigner dans son milieu de l'espérance chrétienne qui l'anime. Cfr *SaC*, 64.

[254] Cfr J Hermans (1987) *L'étude de la liturgie comme discipline théologique. Problèmes et méthodes* in ‹RThL» 18

[255] Cfr *SC* 1 ; 18.

[256] Cfr A Essomba Fouda (2009) *La formation liturgique du peuple de Dieu* in CCDDS (2009) *Liturgie en Afrique et Madagascar…*, 155.

Dès lors, la fonction de formateur, au niveau des centres catéchétiques et/ou liturgiques diocésains, revient, en premier lieu, à l'évêque comme dispensateur des mystères de Dieu, régulateur, promoteur et gardien de toute la vie liturgique dans l'Église à lui confiée[257]. Il règle la discipline de la concélébration[258], établit des normes sur la fonction de servir le prêtre à l'autel[259], la distribution de la sainte communion sous les deux espèces[260], la construction et l'ornement des églises[261]. Au-dessus de tout, c'est la responsabilité de l'Évêque de promouvoir l'esprit de la liturgie sacrée en ses prêtres, ses diacres et ses fidèles laïcs[262].

En effet, avec l'ordination épiscopale, un évêque devient l'agent liturgique principal de l'Église locale, le promoteur de la liturgie et le centre directif et présidentiel de la vie liturgique du diocèse[263]. De même, le souci de l'évêque pour l'activité catéchétique l'invite à être attentif à la catéchèse en s'occupant directement de la transmission de l'Évangile et en gardant intact le dépôt de la foi; à assurer l'inculturation de la foi dans le territoire en privilégiant une catéchèse efficace; à élaborer un projet global de catéchèse, qui soit au service des besoins du peuple de Dieu et en harmonie avec les projets pastoraux diocésains et ceux de la Conférence épiscopale. L'évêque ressent l'urgence, tout au moins pendant les temps forts de l'année liturgique, notamment le Carême, de convoquer le peuple de Dieu dans sa propre cathédrale pour développer sa propre catéchèse[264].

En deuxième lieu, le rôle du formateur incombe au prêtre en tant que «coopérateur de l'ordre épiscopal»[265], et en sa qualité de mystagogue. C'est lui qui, grâce à la formation liturgique, biblique reçue au séminaire et grâce à son expérience

---

[257] Cfr *Christus Dominus*, 28 oct. 1965, n. 15.

[258] Cfr *Institutio generalis Missalis Romani*, nn. 202, 374.

[259] Cfr *Institutio generalis Missalis Romani*, n 107.

[260] Ibidem, 283.

[261] Ibidem, 291.

[262] Ibidem, 387.

[263] Cfr A Essomba Fouda (2009) 154. Cfr *SC* 14.

[264] Cfr CPPNE (2020) n. 114.

[265] *SC*, 42; *LG*, 28.

ministérielle, peut introduire les fidèles chrétiens dans les mystères du Christ dont il a lui-même l'expérience[266].

Enfin de compte, nous pensons que, en cette phase d'approfondissement du rite congolais de la messe, les centres catéchétique et / ou liturgique de nos différents diocèses, doivent repenser, de commun accord avec l'ordinaire du lieu, un programme complet et efficace de la formation liturgique permanente des fidèles chrétiens, basé sur un itinéraire mystagogique dans sa triple dimension. Ce programme doit être présenté aux fidèles et aux agents pastoraux dès le début de l'année pastorale, pour leur permettre de participer aux sessions et aux autres rencontres de formation.

---

[266] Cfr G Boselli (2011) 145-146; Cfr J P Kalongisa Munina (2016) 146-148. Cfr CPPNE (2020) n. 116.

Conclusion

Promouvoir une inculturation de la liturgie pour tous, grâce à une approche mystagogique, tel est l'objectif poursuivi dans ce livre. L'inculturation comme voie d'évangélisation n'est pas le privilège de seuls spécialistes en théologie. Mais le patrimoine de toute l'Église. À ce titre, tous ont droit à l'information sur l'inculturation de la liturgie, et tous ont droit de bénéficier de la formation en liturgie et en inculturation. Plus de trente ans après la reconnaissance du rite zaïrois de la messe par Rome, on ne peut pas concevoir que certains fidèles ou communautés chrétiennes demeurent encore dans l'ignorance de l'inculturation.

La méthode mystagogique que nous prônons comme voie pour la promotion, l'approfondissement et la divulgation de l'inculturation de la liturgie s'avère un instrument efficace de formation et d'éducation pour tous. Elle avait permis aux Pères de l'Église d'expliquer la liturgie aux néophytes et aux fidèles, à travers les catéchèses et les homélies mystagogiques; elle a aidé les églises orientales à développer leurs liturgies qui, comme nous le savons, sont des liturgies inculturées et mystagogiques; le magistère recommande son emploi fréquent dans la catéchèse et la liturgie, mais aussi dans l'évangélisation des peuples. Il est temps que tout le monde, évêques, prêtres et fidèles laïcs, apprennent à connaître et à utiliser cette méthode pour assurer un meilleur avenir à l'inculturation de la liturgie en RD Congo et en Afrique.

Aujourd'hui, la mystagogie est devenue pour la liturgie ce que la *Lectio divina* est pour la Bible, c'est-à-dire une méthode qui permet aux chrétiens de comprendre et de vivre la liturgie[267]. Au terme de cette investigation, nous lançons un appel aux différents responsables de la liturgie, au niveau national, provincial, diocésain et paroissial, pour enseigner aux agents pastoraux et aux chrétiens cette *Lectio* de la

---

[267] G Boselli (2011) *Il senso spirituale de la liturgia...*, 11. Cfr J P Kalongisa Munina (2016) *La mystagogie comme pédagogie...*, 20.

liturgie. Elle leur permettra de connaître le sens des textes et rites liturgiques et d'intérioriser le mystère qu'ils célèbrent[268]. C'est la voie pour une évangélisation en profondeur à l'horizon de l'an 2030.

---

[268] G Boselli (2011) 9-10.

Bibliographie

ARINZE F Card. (2009) *Critères et directives de l'inculturation de la liturgie* in CCDDS (2009) *Liturgy in Africa and Madagascar. Liturgie en Afrique et Madagascar* (Actes du Congrès pour la promotion de la liturgie, Kumasi, Ghana, 4-9 juillet 2006), Libreria editrice vaticana, 199-214.

BEAUDOIN D L (1914) *La piété de l'Église. Principes et faits*, Bureau des œuvres liturgiques, Mont-César, Louvain (Belgique).

BENOIT XVI (2007) *Sacramentum caritatis. Exhortation apostolique post-synodale sur l'eucharistie source et sommet de la vie et de la mission de l'Église*, Libreria editrice vaticana, Città del Vaticano.

BONSIRVEN J (1939) *Exégèse rabbinique et exégèse paulinienne*, Beauchesne et ses Fils, Paris.

BORNERT R (1966) *Les commentaires byzantins de la divine liturgie du VII au XVe siècle*, Cerf, Paris.

BOSELLI G (2011) *Il senso spirituale de la liturgia*, (Prefazione di Paul de Clerck), Qiqajon, Bose.

BOTTE D B [éd] (1958) *Ambroise de Milan. Des sacrements. Des mystères. Explication du symbole*, Cerf, Paris, 1994.

BOUYER L (1962) *Le rite et l'homme. Sacralité naturelle et liturgie*, Cerf, Paris.

BOUYER L (1967) *Architecture et liturgie*, Cerf, Paris, 1991.

Cahiers Évangile 176 82016)

CBP (1981) *Foi et culture à la lumière de la Bible*, Elle Di Ci, Turin.

CBP (1993) *L'interprétation de la Bible dans l'Église*, Libreria editrice vaticana, Citta del Vaticano.

CCDDS (1994) *Instructio, Varietates legitimae. La liturgie romaine et l'inculturation. IVe instruction pour une juste application de la Constitution conciliaire sur la liturgie* (nn. 37-40), Rome.

CCDDS (2004) *Instructio, Redemptionis sacramentum. Instruction sur certaines choses à observer et à éviter concernant la Très sainte Eucharistie*, Libreria editrice vaticana, Cité du Vatican.

CCDDS (2009) *Liturgy in Africa and Madagascar. Liturgie en Afrique et Madagascar* (Actes du Congrès pour la promotion de la liturgie, Kumasi, Ghana, 4-9 juillet 2006), Libreria editrice vaticana, Città del Vaticano.

CEI (2001) *Comunicare il vangelo in un mondo che cambia. Orientamenti pastorali dell'episcopato italiano per il primo decennio del Duemila*, Paoline, Roma.

CLÉMENT D'ALEXANDRIE, *Le protreptique*, IV, 51 (Trad. Cl Mondésert), Sch 2, 1949.

CLERCK P de (1995) *L'intelligence de la liturgie*, Cerf, Paris, 2005.

CONCILE VATICAN II (1965) *Constitutions, décrets, déclarations, messages, Centurion*, Paris, 1967.

CORTONI C U (2020) *Modelli di inculturazione liturgica: la lezione della storia* in RPL 341 Luglio-Agosto 4/ 2020, 7-12.

CPPNE (2020) *Directoire pour la catéchèse*, Bayard-Cerf-Mame, Paris.

CTI (1988) *Foi et inculturation*, Elledici, Turin.

CYRILLE DE JÉRUSALEM, *Catecheses mystagogicae*: PG 33 (Piédagnel A, Paris P [éd.] *Cyrille de Jérusalem, Catéchèses mystagogiques*), Sch 126 bis, Cerf, Paris, 1988[2].

DALMAIS I H (1958) *Initiation à la liturgie*, Desclée, Paris.

DALMAIS I H (1959) *Les liturgies d'Orient*, Cerf, Paris, 1980.

DALMAIS I H (1964) *La liturgie comme lieu théologique* in «LMD» 78, 97-105.

DALMAIS I H (1979) *La liturgie, lieu privilégié de la catéchèse dans les traditions de l'Orient syrien* in «LMD» 140, 55-64.

DALMAIS I H (1981) *Quelques traits caractéristiques des liturgies syriennes* in TRIACCA A M, PISTOIA A [éd.] (1981) *La liturgie: son sens, son esprit, sa méthode. Liturgie et théologie* (Conférences saint-Serge) Edizioni liturgiche, 57-70.

DALMAIS I H (1983) *Théologie de la célébration liturgique* in MARTIMORT A G et AA (1983) *L'Église en prière. I. Principes de la liturgie*, Desclée, Paris, 235-289.

DANNEELS G (1986) *Le synode extraordinaire de 1985* in «NRT» 108, 161-173.

DANIÉLOU J (1945) *Le symbolisme des rites baptismaux* in «DViv» 1, 15-45.

DANIÉLOU J (1950) *Sacramentum futuri. Études sur les origines de la typologie biblique*, Beauchesne, Paris.

DANIÉLOU J (1951) *Bible et liturgie. La théologie biblique des sacrements et des fêtes d'après les pères de l'Église*, Cerf, Paris.

DANIÉLOU J (1957) *Les manuscrits de la mer Morte et les origines du christianisme*, Éditions de l'orante, Paris, 1974.

DANIÉLOU (1958) *Théologie du judéo-christianisme. Histoire des doctrines chrétiennes avant Nicée I*, Desclée, Paris-Tournai.

DANIÉLOU J (1961) *Messaggio evangelico e cultura ellenistica*, il Mulino, Bologna, 1975).

DANIÉLOU J (1961) *Les symboles chrétiens primitifs*, Seuil, Paris.

DANIÉLOU J, CHARLAT R du (1968) *La catéchèse aux premiers siècles*, Fayard-Mame, Paris.

D'AYALA VALVA L [edd.] (2012) *Entrare nei misteri di Cristo. Mistagogia della liturgia eucaristica attraverso i testi dei padri greci e bizantini*, Qiqajon, Bose.

DMPE (2004) *Directoire pour le ministère pastoral des évêques*, Libreria editrice vaticana, Città del Vaticano.

DUVAL-PUJOL V (2011) *10 clés pour comprendre la Bible*, Empreinte, Paris.

ESSOMBA FOUDA A (2009) *La formation liturgique du peuple de Dieu: Évêques, prêtres, séminaristes, catéchistes et autres fidèles: l'organisation de la liturgie au niveau paroissial, diocésain, régional et national* in CCDDS (2009) *Liturgy in Africa and Madagacar. Liturgie en Afrique et Madagascar* (Actes du Congrès pour la promotion de la liturgie, Kumasi, Ghana, 4-9 juillet 2006), Libreria editrice vaticana, 149-181.

FRANÇOIS Pape (2013) *Evangelii gaudium. Exhortation apostolique sur l'annonce de l'évangile dans le monde d'aujourd'hui*, Libreria editrice vaticana, Città del Vaticano.

FRANÇOIS Pape (2020) *Querida Amazonia. Chère Amazonie. Exhortation apostolique post-synodale au peuple de Dieu et à toutes les personnes de bonne volonté*, Bayard Éditions, Fleurus-Mame, Éditions du Cerf, Paris.

GELINEAU J [éd.] (1989) *Dans vos assemblées*, Desclée, Paris.

GIRARDI L (2006) *Riforma, formazione, rinnovamento. Note per una precisazione del concetto di formazione liturgica* in GRILLO A [a cura] (2005) *Formazione liturgica*, Atti della XXXIII settimana di studio dell'Associazione professori di Liturgia. Camposampiero (Padova), 28 agosto – 2 settembre, Edizioni liturgiche, CLV, Roma, 29-48.

GIRAUDO C (2000) *«In unum corpus». Trattato mistagogico sull'eucaristia*, San Paolo, Roma, 2001.

GY P M (1989) *L'inculturation de la liturgie chrétienne en Occident* in «LMD», 179, 15-30.

HERMANS J (1987) *L'étude de la liturgie comme discipline théologique. Problèmes et méthodes* in «RThL» 18, 337-360.

HUELS J M (2007) *Liturgie et droit. Le droit liturgique dans le système du droit canonique de l'Église catholique*, Wilson et Lafleur, Montréal.

IGMR = Missale Romanum, *Institutio Generalis Missalis Romani*, Libreria editrice vaticana, Città del Vaticano.

Initiation chrétienne hier et aujourd'hui , CPE 152 (2018).

JEAN-PAUL II (1982) *Discours aux participants au Congrès national du mouvement ecclésial d'engagement culturel* (16 Janvier 1982): *Insegnamenti* V, 1 (1982).

JEAN-PAUL II (1983) *Discours aux évêques du Zaïre*, 12 avril 1983: *AAS* 75 (1983) 620.

JEAN-PAUL II (1987) *Discours à l'assemblée plénière du Conseil pontifical pour la culture*, 17 Janvier 1987: *AAS* 79 (1987) 1204.

JEAN-PAUL II (1990) *Redemptionis missio. Lettre encyclique sur la valeur permanente du précepte missionnaire*, Libreria editrice vaticana, Città del Vaticano.

JEAN-PAUL II (1992) *Catéchisme de l'Église catholique*, Mame/Plon, Paris.

JEAN-PAUL II (1995) *Ecclesia in Africa. Exhortation apostolique post-synodale sur l'Église en Afrique et sa mission évangélisatrice vers l'an 2000*, Libreria editrice vaticana, Città del Vaticano.

JEAN-PAUL II (2004) *Mane Nobiscum Domini. Lettre apostolique pour l'année de l'eucharistie*, Libreria editrice vaticana, Città del Vaticano.

JUSTIN, *Première Apologie*, 46, 3 (trad. A WERTELLE), Etudes augustiniennes, Paris, 1987.

KABASELE LUMBALA F (1994) *Alliances avec le Christ en Afrique. Inculturation des rites religieux au Zaïre*, Khartala, Paris.

KABASELE LUMBALA F (2005) *Renouer avec ses racines. Chemins d'inculturation*, Khartala, Paris.

KALONGISA MUNINA J-P (2016) *La mystagogie comme pédagogie et herméneutique liturgique*, CS, Paris.

KALONGISA MUNINA J-P (2021) *Le baptême face aux nouvelles formes des déviations. Une approche mystagogique*, CS, Paris.

KALONGISA MUNINA J-P (2021) *La mystagogie, clé d'interprétation de la liturgie chrétienne. De Pères de l'Église à nos jours*, CS, Paris.

La mystagogie d'hier à aujourd'hui CPE 126 (2012).

LIKOLO JB (2020) *Il Missel Romain per le diocesi dello Zaire (Congo)* in «RPL» 341 Luglio-Agosto 4/2020, 22-25.

LODI E (1992) *La mystagogie des textes du Missel Romain d'après ses sources* in Triacca A M, Pistoia A [éd] (1992) *La mystagogie : pensée liturgique d'aujourd'hui et liturgie ancienne* (Conférences saint-Serge), Edizioni liturgiche, Roma, 163-186.

LODI E (2013) *Battesimo* in Sodi M, Triacca A M [a cura di] (2013) *Dizionario di omiletica*, Elledici-Velar, Bergamo, 174-176.

MARTIMORT A G (1952) *L'Église en prière. I. Principes de la liturgie*, Desclée, Paris.

MAZZA E (1988) *La mistagogia. Le catechesi liturgiche della fine del quarto secolo e il loro metodo*, Edizioni liturgiche, CLV, Roma, 1996.

MUISANZA KATEWU F (2017) *La désinformation et ses applications aux conflits internationaux via les médias. Comment une Afrique en quête de démocratie peut s'en protéger?* (Préface d'Alberto Lopresti), L'Harmattan, Paris.

NIN M (2017) *Introduzione alle liturgie orientale*, EDUSC, Roma.

Ordo initiationis christianae adultorum= Rituale Romanum (1972) ex decreto sacrosancti ocumenici Concilii Vaticani II instauratum auctoritate Pauli PP. VI promulgatum, Città del Vaticano, Typis polyglottis Vaticanis, 1974.

ORIGÈNE, *Homiliae in Numeros* = (Doutreleau L [éd.] *Origène, Homélies sur les Nombres I-III*, Sch 415, 442, Cerf, Paris, 1996-2003.

Osservatore Romano, éd. Française, 132, n. 135 (vendredi 12 juin 1992) 1.

OZOLINE N (1992) *La symbolique cosmique du temple chrétien selon la mystagogie de saint Maxime le Confesseur* in TRIACCA A M, PISTOIA A [éd.] (1992) *Mystagogie: pensée liturgique d'aujourd'hui et liturgie ancienne* (Conférences saint-Serge), Edizioni liturgiche, CLV, Roma, 253-261.

PAUL VI (1969) *Discours au Symposium des Conférences Épiscopales d'Afrique et de Madagascar* (31 Juillet 1969), n.1: *AAS* 61 (1969) 575.

PAUL VI (1975) *Evangelii nuntiandi. Exhortation apostolique sur l'évangélisation dans le monde moderne*, Pierre TÉQUI, Paris.

PINCKERS G (1989) *Le temps de la mystagogie* in GÉLINEAU J [éd.] (1989) *Dans vos assemblées*, Desclée, Paris.

SARTORE D (1986) *La mistagogia, modello e sorgente di spiritualità cristiana* in «RL» 73, 508-521.

SOMBEL SARR B (2013) *Théologie des Pères de l'Église et questions d'inculturation*, L'Harmattan, Paris.

TRIACCA A M, PISTOIA A, [éd.] (1981) *La liturgie: son sens, son esprit, sa méthode. Liturgie et théologie* (Conférences saint-Serge), Edizioni liturgiche, CLV, Roma.

TRIACCA A M, PISTOIA A [éd.] (1992) *Mystagogie: pensée liturgique d'aujourd'hui et liturgie ancienne* (Conférences saint-Serge), Edizioni liturgiche, CLV, Roma.

VINEL F (1992) *À la naissance de l'Église, Clément et le débat entre hellénisme et christianisme* in «CPE», 45 (1992) 11-13.

I want morebooks!

Buy your books fast and straightforward online - at one of world's fastest growing online book stores! Environmentally sound due to Print-on-Demand technologies.

Buy your books online at
www.morebooks.shop

Achetez vos livres en ligne, vite et bien, sur l'une des librairies en ligne les plus performantes au monde!
En protégeant nos ressources et notre environnement grâce à l'impression à la demande.

La librairie en ligne pour acheter plus vite
www.morebooks.shop

KS OmniScriptum Publishing
Brivibas gatve 197
LV-1039 Riga, Latvia
Telefax: +371 686 204 55

info@omniscriptum.com
www.omniscriptum.com